首都圏版⑫

最新入試に対応！家庭学習に最適の問題集!!

日本女子大学附属豊明小学校

2024年度版 過去問題集

合格までのステップ

2019～2023年度
過去問題を掲載

日本学習図書 ニチガク

ニチガクの家庭学習支援

Web学習サポートサービス

こんなこと…ありませんか？

「ニチガクの問題集…買ったはいいけど、、、
この問題の教え方がわからない（汗）」

メールでお悩み解決します！

- ホームページ内の専用フォームで必要事項を入力！
- 教え方に困っているニチガクの問題を教えてください！
- 確認終了後、具体的な指導方法をメールでご返信！
- 全国どこでも！ スマホでも！ ぜひご活用ください！

<質問回答例>

学習のポイント

推理分野の学習では、後の学習に活きる思考力を養うことができます。ご家庭で指導する場合にも、テクニックにたよらず、保護者の方が先に基本的な考え方を理解した上で、お子さまによく考えさせることを大切にして指導してください。

Q.「お子さまによく考えさせることを大切にして指導してください」と学習のポイントにありますが、考える習慣をつけさせるためには、具体的にどのようにしたらいいですか？

A. お子さまが考える時間を持てるように、質問の仕方と、タイミングに工夫をしてみてください。
たとえば、「答えはあっているけど、どうやってその答えを見つけたの」「答えは○○なんだけど、どうしてだと思う？」という感じです。はじめのうちは、「必ず 30 秒考えてから手を動かす」などのルールを決める方法もおすすめです。

まずは、ホームページへアクセスしてください!!

http://www.nichigaku.jp　日本学習図書　検索

目指せ！合格！

家庭学習ガイド
日本女子大学附属豊明小学校

ペーパー　巧緻性　行動観察　親子面接

入試情報

募 集 人 数：女子約 54 名（内部進学者を除く）
応 募 者 数：女子 364 名
出 題 形 式：ペーパー
面　　　 接：保護者・志願者面接
出 題 領 域：ペーパー（数量、記憶、言語、図形、推理、知識）、巧緻性、制作、行動観察

入試対策

ペーパーテストでは、数量、図形、記憶は例年必ず出題されています。入試の中でこの分野の比重が高いことと合わせて考えると、志願者に観察力と思考力を求めていることが窺えます。行動観察では、主に共同作業の様子、工夫、トラブル時の解決方法など、他者との関わり方が観られます。なお、例年、巧緻性のテストが課されることからも、当校が生活体験の豊富さを重視していることがうかがえます。日常生活自体が対策と考え、１つひとつの活動に丁寧に取り組み、知識と技術を身に付けていけるようにしましょう。

●巧緻性では、当校の特徴的な課題である「濃淡の塗り分け」と、複雑な線をなぞる運筆の２つが、ここ数年で何度も出題されています。この２つの課題に対しては、過去に出題されたものも含め、しっかりと練習を行ってください。

●昨年のペーパーテストでは、図形分野で、例年より難易度の高い、回転図形の問題が出題されました。また、言語分野で、例年にはなかった豊富な語彙力が求められるしりとりも出題されました。正確さと素早さを両立できるような練習を進めてください。

「日本女子大学附属豊明小学校」について

〈合格のためのアドバイス〉

入学試験の観点は、当校が掲げている教育方針や実践している教育によく表れており、そのことを踏まえて、入試準備を行う必要があります。当校の過去問題を分析していくと、入学試験を勝ち抜くいくつかのキーワードが見えてきます。それは、当校が目標としている児童像である、「一生懸命頑張る子」「自ら進んで行動する子」「みんなと力を合わせ協力する子」です。

学校で実践している教育内容は、その素質として、志望される方にも求められていると考えられます。その点は、特に巧緻性テストや行動観察テストの内容からも窺うことができます。当校を志望する場合、まず、そうしたポイントをしっかりと理解する必要があります。その上で、普段の生活においても、「一生懸命頑張る」「自ら行動する」「みんなと力を合わせる」を意識して行動するとよいでしょう。

試験会場で初めて会うお友だちと一緒に行動をするときには、相手を尊重して思いやった行動ができるかどうかということも、１つのポイントになります。例えば、集団行動が苦手な子がいたときに上手く声をかけたり、自我が強い子がいたときに一歩下がってみたりなど、周りのお友だちの動きに合わせて、自分の振る舞い方を決められることも、大切な資質の１つです。そうしたことをお子さまが自ら学んでいくことができるように、お友だちとの遊びの時間を大切にしてください。また、お子さまが日常生活や保護者の方々の価値観や規範の影響を強く受けていることを、常に念頭に置いてください。

家庭においては、お子さまの成長に合わせた学習量・内容を意識してください。お子さまにたくさんの経験を積ませることができれば、それだけ多くのことを学ぶことができますが、与えすぎもいけません。お子さまが受け止めきれる量よりも少し多めぐらいがよいでしょう。

面接では、学校が求める親子像を理解し、家庭の考え方をしっかり固めることが必要です。日頃から、学校の考えとご家庭の方針が一致するように、子育てやしつけを見直してみるとよいでしょう。

〈2023 年度選考〉

〈考査日〉
◆ペーパーテスト
◆行動観察

〈面接日〉
◆保護者・志願者面接
（考査日前に実施／ 10 分～ 15 分）

◇過去の応募状況

2023 年度	女子 364 名
2022 年度	女子 318 名
2021 年度	女子 287 名

入試のチェックポイント
◇生まれ月の考慮…「あり」

日本女子大学附属豊明小学校
過去問題集

〈はじめに〉

　現在、少子化が叫ばれているにもかかわらず、私立・国立小学校の入学試験には一定の応募者があります。入試は、ただやみくもに学習するだけでは成果を得ることはできません。志望校の過去における出題傾向を研究・把握した上で、練習を進めていくこと、試験までに志願者の不得意分野を克服していくことが必須条件です。そこで、本問題集は小学校を受験される方々に、志望校の出題傾向をより詳しく知って頂くために、出題頻度の高い問題を結集いたしました。最新のデータを含む精選された過去問題集で実力をお付けください。

　また、志望校の選択には弊社発行の「**2024年度版　首都圏・東日本　国立・私立小学校　進学のてびき**」をぜひ参考になさってください。

〈本書ご使用方法〉

◆出題者は出題前に一度問題を通読し、出題内容などを把握した上で、**〈 準　備 〉**の欄に表記してあるものを用意してから始めてください。

◆お子さまに絵の頁を渡し、出題者が問題文を読む形式で出題してください。問題を読んだ後で、絵の頁を渡す問題もありますのでご注意ください。

◆**「分野」**は、問題の分野を表しています。弊社の問題集の分野に対応していますので、復習の際の目安にお役立てください。

◆一部の描画や工作、常識等の問題については、解答が省略されているものがあります。お子さまの答えが成り立つか、出題者が各自でご判断ください。

◆**〈 時　間 〉**につきましては、目安とお考えください。

◆本文右端の［**〇年度**］は、問題の出題年度です。［**2023年度**］は、「2022年の秋に行われた2023年度入学志望者向けの考査で出題された問題」になります。

◆**学習のポイント**は、指導の際にご参考にしてください。

◆**【おすすめ問題集】**は各問題の基礎力養成や実力アップにご使用ください。

〈本書ご使用にあたっての注意点〉

◆文中に**この問題の絵は縦に使用してください。**と記載してある問題の絵は縦にしてお使いください。

◆**〈 準　備 〉**の欄で、クレヨン・クーピーペンと表記してある場合は12色程度のものを、画用紙と表記してある場合は白い画用紙をご用意ください。

◆文中に**この問題の絵はありません。**と記載してある問題には絵の頁がありませんので、ご注意ください。なお、問題の絵の右上にある番号が連番でなくても、中央下の頁番号が連番の場合は落丁ではありません。
下記一覧表の●が付いている問題は絵がありません。

問題1	問題2	問題3	問題4	問題5	問題6	問題7	問題8	問題9	問題10
						●	●	●	●
問題11	問題12	問題13	問題14	問題15	問題16	問題17	問題18	問題19	問題20
					●	●			
問題21	問題22	問題23	問題24	問題25	問題26	問題27	問題28	問題29	問題30
							●	●	●
問題31	問題32	問題33	問題34	問題35	問題36	問題37	問題38		
						●	●		

㊢ 先輩ママたちの声！

◆実際に受験をされた方からのアドバイスです。
ぜひ参考にしてください。

日本女子大学附属豊明小学校

・ペーパーテストの量はそれほど多くありませんが、行動観察を通し、じっくり観察されているように思います。

・自由遊びの課題では、楽しい雰囲気づくりがされていて、テンションがあがりすぎて注意されているお子さまもいらっしゃいました。

・普段から、お手伝いを習慣にするなど家庭でできることをしっかり行いました。日常生活の様子が試験ではそのまま出てしまうので、日頃のしつけがとても大切だと思います。

・面接は終始和やかに行われました。リラックスしすぎてはいけませんが、過度に構えることはないと思います。事前の準備をしっかりとしておけば大丈夫です。

◎学習効果を上げるため、前掲の「家庭学習ガイド」及び「合格のためのアドバイス」をお読みになり、各校が実施する入試の出題傾向を、よく把握した上で問題に取り組んでください。
※冒頭の「本書のご使用方法」「ご使用にあたっての注意点」も併せてご覧ください。

2023年度の最新入試問題

問題1　分野：記憶（お話の聞き取り）

〈準備〉　クーピーペン

〈問題〉　絵を見ながら、お話をよく聞いてください。

①四角の中に斜めの線が書いてあります。その線の真ん中に●が書いてある絵に○をつけてください。
②○の中に△があり△の中に×のある絵に○をつけてください。
③△の上に○、○の上に●が描いてある絵に○をつけてください。
④右の耳が黒く、左の耳が白くて鼻が白いクマさんが、両方の手にリンゴを持っている絵に、○をつけてください。
⑤お母さんがモモや、サクランボ、トマトにキュウリを買ってきました。今はいつの季節でしょうか。同じ季節のものが描いてある絵に○をつけてください。

〈時間〉　各10秒

〈解答〉　①左下　②右上　③右上　④右上　⑤左下

学習のポイント

短文ですが、話を正確に聞き取ることを要求される問題です。長文の記憶の問題と異なり、ポイントとなるのは、１問終われば、前の問題と切り離し、次の話を聞く切り替えをしっかりすることです。①②③④は絵を見ながらの聞き取りですので、難易度は高くない問題です。⑤では、お話を記憶することはもちろん、お話の内容から派生した知識が必要になります。モモ、サクランボ、トマト、キュウリがいつの季節の食べ物なのかを知っていなければ解答が難しい問題です。このように、当校の記憶の問題では、記憶力、集中力、そして、一般常識的な知識が求められます。対策としては、普段からの読み聞かせ、図鑑を読むこと、外に出て自然を観察することなどがあります。季節の植物や、行事、旬の食材など、身の回りにあるものから一般常識を養いましょう。

【おすすめ問題集】
１話５分の読み聞かせお話集①・②、お話の記憶問題集 初級編・中級編、
Ｊｒ・ウォッチャー19「お話の記憶」、20「見る記憶・聴く記憶」、34「季節」

問題2　分野：言語（しりとり）

〈準 備〉　クーピーペン

〈問 題〉　入る矢印からスタートして、出る矢印までしりとりをし、線を引きながら進んでください。縦と横には進めますが、斜めには進めません。次も同じようにやってください。

〈時 間〉　３分

〈解 答〉　①ハト→トマト→トンボ→ボール　②ラッコ→コマ→マッチ→チリトリ
③カラス→スズメ→メガネ→ネズミ→ミノムシ→シンゴウキ
④リス→スイカ→カラス→スシ→シマウマ→マラカス
⑤サクランボ→ボウシ→シカ→カモメ→メダカ→カキ→キツネ→ネクタイ→イカ→カメラ→ランドセル→ルーレット→トウモロコシ→シンカンセン

学習のポイント

描かれてある絵の名前は、すべて知っているものでしたか。もし、本問に出てくるものの名前がわからないようであれば、語彙が不足していると言わざるを得ません。言語分野の学習は、机の上でなくても、問題集がなくてもできるものです。語彙数は、日頃の生活体験が大きく関わってきます。日常のコミュニケーションを持ち、しりとりをしたり、図鑑を読んだり、絵本の読み聞かせをすることなどが、語彙を増やし、名前とものが一致する有効な方法です。語彙は、馴染みのない難しいものを教える場合もありますが、あくまでも日常生活で自然と習得できるものを学習していきましょう。日常生活の中にたくさんある学びの機会を逃さないようにしてください。

【おすすめ問題集】
Ｊｒ・ウォッチャー17「言葉の音遊び」、18「いろいろな言葉」、49「しりとり」、60「言葉の音（おん）」

問題3　分野：数量（数える、たし算）

〈準 備〉　クーピーペン

〈問 題〉　上にある２つの箱に入っているものを合わせると、どうなるでしょうか。下から探して○をつけてください。

〈時 間〉　１分

〈解 答〉　①左から２番目　②右から２番目　③右端　④左端

学習のポイント

「数え方」のポイントは、同じ絵を重複して数えたり、数え忘れを防ぐために、数える方向を一定にしたり、数えたものに印を付けたりするなど、約束ごとを決めて取り組むことです。数える機会は日常生活に多くあることに気づいていますか。家事を手伝うとき、食事のとき、買い物など至る所にあります。このようなことを利用して、お子さまと問題作りをしても面白く学んでいけるでしょう。お子さまが数量の問題に苦手意識を持たれている場合は、おはじきなどを動かしながら考えていくとよいでしょう。ペーパー学習以前に、ものを使った基礎学習から始めるようにしてください。

【おすすめ問題集】
Ｊｒ・ウォッチャー14「数える」、38「たし算・ひき算１」、
39「たし算・ひき算２」

問題４　分野：図形（回転図形）

〈準　備〉　クーピーペン

〈問　題〉　それぞれ左側に描いてある絵の・のところが、右側の・のところまで転がしたとき、中の模様はどうなりますか。右側に書いてください。

〈時　間〉　２分

〈解　答〉　下図参照

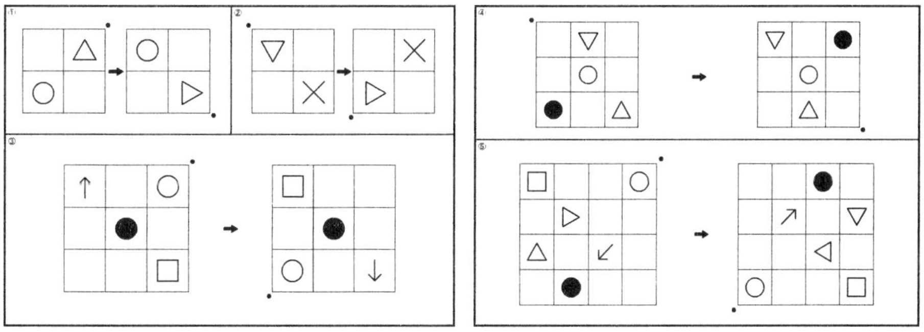

学習のポイント

回転図形は、まず、図形を指示された通りに回転させたとき、どの辺が下になるかを考えます。左側にある基準の図形の底辺が、回転することにより変わっていくことの理解が必要です。わかりにくい場合は、折り紙などを使い、４つの辺を色別に塗って、回転していくときの様子を実際に確認していきましょう。クリアファイルに図形を描いて、回転させて確認する方法もあります。回転したあと、底辺が変わると、中の模様や線の位置も追随して変化したように見えていきますので、各辺の方向を考えながら理論立てて理解することができるよう、簡単な問題から取り組んでいくことをおすすめいたします。

【おすすめ問題集】
Ｊｒ・ウォッチャー５「回転・展開」、46「回転図形」、47「座標の移動」

問題5　分野：巧緻性（想像画）

〈準備〉　鉛筆（２Ｂ）

〈問題〉　（問題５－１の絵を渡す）
左側のお手本の絵は、色の濃い所、薄い所、中間のところと分けて塗ってあります。では、このように色の違いが分かるように、右の形を鉛筆で塗り分けてください。
（問題５－２の絵を渡す）
クリスマスツリーと雪だるまが描いてあります。これを自由にデザインをしてください。

〈時間〉　適宜

〈解答〉　省略

学習のポイント

鉛筆１本で濃淡を塗り分けるのはなかなか至難の業でしょう。お手本は３つの色に塗り分けてありますが、違いが分かったでしょうか。濃淡の塗り分けは、文字を書くときの通常の鉛筆の持ち方では上手くできないと思います。鉛筆を紙に対して斜めにしたり、力加減を変えたりする必要があります。まず、お子さま自身が工夫をして塗ってみて、そのあとから保護者の方はアドバイスをされるとよいでしょう。普段から、文具類を使っていれば、このような繊細な作業は得意になっていきます。この課題では、制作の技術力もですが、指示をどこまで聞き取って理解し、道具の使い方や片づけなどから、日常生活を窺っています。作業だけに集中するのではなく、使ったものはすぐに片づける、鉛筆の芯が折れないように丁寧に扱うなども意識して、日々練習を重ねましょう。

【おすすめ問題集】
Ｊｒ・ウォッチャー22「想像画」、23「切る・貼る・塗る」、24「絵画」

問題6　分野：制作

〈準備〉　台紙、水色の折り紙、赤、青、緑、黄色の丸シール、オレンジ色の小さい丸シール、金色の星型シール、ビニール袋（Ａ４の紙が入る大きさ）、スティックのり、ウエットティッシュ

〈問題〉　**この問題は絵を参考にして下さい。**
・折り紙の水色を外側にして半分に折って台紙の上の部分に貼ります。これは空になります。
・貼った折り紙の右上に黄色の丸シールを張ります。その周りにオレンジの小さな丸シールを８枚張って太陽にします。
・台紙の下の方に左から赤、緑、青のシールを張ります。これはクマの顔にします。
・クマの顔のところに、耳になるようにオレンジの小さいシールを２枚ずつ貼ります。
・貼ったら、ビニールの袋に入れて、ビニール袋の口を折って、星のシールを貼って止めます。

〈時間〉　５分

〈解答〉　省略

学習のポイント

1度の説明で作り方は理解できましたか。実際の試験では、台紙に半分に折った折り紙を貼るところまでは、お手本としてやって見せられ、あとは口頭による説明に従って作業をしたようです。説明を集中して聞き、どのような制作手順であるかをイメージしながら理解するようにしましょう。把握できなかったお子さまは、途中で他のお子さまの様子を見てしまうかもしれません。これは減点になってしまうので、とにかく聞いたことを思い出しながら、自分の力で最後まで一生懸命やり遂げられるよう、普段から、お子さまを見守る形で、お手伝いや制作活動をさせていくことが必要です。また、後片づけや、道具の使い方も指導をしておいてください。

【おすすめ問題集】
実践　ゆびさきトレーニング①・②・③

問題7　分野：制作

〈準備〉　テーブルシートをテーブルに敷いておく（グループによって色が違う）、ジュース3本、キャンディ3個、おにぎり2個、レタス1枚、トマト2個、折り紙、セロテープ、シール、花紙

〈問題〉　この問題の絵はありません。
ここにある材料を使って、見本通りのご飯作りをしましょう。材料は取りに来てください。

〈時間〉　適宜

〈解答〉　省略

学習のポイント

4人1組のグル　プで見本と同じものを相談して作ります。材料を取りに行ったときに「ありがとうございました」の挨拶はできましたか。このような態度やコミュニケーション力も観られています。また、グループによる共同制作ですので、お子さまのお友だちとの接し方から入学後の集団生活への適性を観られています。ルールを理解した上でそれを守られているか、お友だちと楽しく作業をしているか、課題を意欲的に取り組んでいるか、などが重要になってきます。保護者の方は、お子さまの普段のお友だちとの接し方をチェックしてみてください。気になることがあった際には、お子さまの考えに耳を傾けた上で「こうしたらどうかな」「○○さん（お友だちの名前）は、こう思うんじゃないかな」など、他者への想像力を育むようなアドバイスを心がけてください。また、楽しく作業することの他に、ものを丁寧に扱うことや、危険な振る舞いをしないことも意識して試験に臨みましょう。

【おすすめ問題集】
実践　ゆびさきトレーニング①・②・③

問題8　分野：行動観察（集団）

〈準備〉　椅子、ウサギのぬいぐるみ、 皿２枚、10個の４色の紙コップ、たくさんの茶色の紙コップ、６種類の野菜、バケツ

〈問題〉　この問題の絵はありません。
（事前に、椅子にウサギのぬいぐるみを座らせておく。茶色の紙コップは１箇所にまとめて置いておく。野菜とバケツも１箇所にまとめて置いておく）
１グループ数人で行います。今からウサギさんの小屋を作ります。
・ウサギがいる椅子の周りを円形に４色のコップを伏せて置きます。隣同士が同じ色にならないようにします。
・出来たら正座をして待ちます。
・次に茶色の紙コップをできるだけ高く積んでウサギの小屋を作ります。
・最後にお友だちと相談して２種類の野菜を皿にのせて、ウサギの水飲み用のバケツ１つと一緒にウサギのそばに置きます。

〈時間〉　適宜

〈解答〉　省略

学習のポイント

上手くできるに越したことはありませんが、そのことにこだわりすぎて、グループで取り組んでいることを忘れないようにしなければなりません。お友だちとの関わり方、指示の理解、積極的な姿勢、話し方などが観点として観察されるでしょう。お友だちが間違ったり、失敗してしまったときの言葉のかけ方などは日頃どうですか。相手の立場に立って、物事を考える習慣が身に付くような指導しておかれるとよいでしょう。そして、他のグループのお友だちにも配慮して作業ができるようにしましょう。本問では、茶色の紙コップや野菜は１人ひとりに配られず、まとめて置いてある場所から自分で取りに行かなければなりません。自分が欲しいもののことだけを考え、取りに行ってはいませんか。他のグループのお友だちにも気を配り、譲り合うことも忘れないようにしましょう。また、待機中の態度はどうですか。「正座をして待つ」と指示があるため、静かに待つことに加えて、正座もできる必要があります。急にできるものではありませんから、ご家庭で日頃から練習することをおすすめいたします。

【おすすめ問題集】
実践　ゆびさきトレーニング①・②・③

問題9　分野：行動観察（集団）

〈準備〉　iPad

〈問題〉　この問題の絵はありません。
４人グループで行う。担当の先生からiPadの説明がある。指かタッチペンで絵が描けること、色は下から３色選んで随時変えれること、操作でわからないことがあったら質問するように、と指示がある。iPadは１人１台ずつ用意されている。絵を描いている途中で「何を描いてるの」と質問を受ける。

〈時間〉　適宜

〈解答〉　省略

学習のポイント

分からないことがある場合は、１人で悩まず、グループのお友だちに聞いたり、先生に質問ができるようにしましょう。また、何を描いているのか質問されたときは、相手に聞こえるように、はきはきと答えるようにしましょう。その際、適切な言葉遣いで会話ができますか。言葉遣いはその人の品格を表します。お友だちと話すときと、目上の人と話すときでは、言葉遣いが違うことを理解し、普段から話し方を意識するよう心がけましょう。絵は、子どもらしい自由でのびのびとしたものを描けるとよいです。機械を使った作業になるため、操作が難しいかもしれませんが、最後まで諦めず、楽しく取り組むことが大切です。

【おすすめ問題集】
実践　ゆびさきトレーニング①・②・③

問題10　分野：面接

〈準備〉　なし

〈問題〉　**この問題の絵はありません。**

【志願者へ】
・名前と好きな遊びを教えてください。
・その遊びのどんなところが好きですか。その遊びは誰としますか。
・お手伝いはしていますか。どんなお手伝いですか。（お料理と答えると何を作ったか、どんな味かなど追加の質問があった）
・好きな食べ物は何ですか。

【父親へ】
・志願理由をお聞かせください。
・本校への印象をお聞かせください。
・本校の三綱領についてどのように考えておいでですか。
・お子さまとはどのようにして時間を作りどのように過ごされてますか。
・お子さまの成長をどのようなときに感じられますか。
・奥様のどのようなところをお子さまに受け継いでほしいと思われますか。
・最近お子さまを褒めたことや叱ったことはありますか。どのようなことか具体的に教えてください。
・叱ったあとはどのようにされてますか。
・父親の役割についてのお考えを聞かせてください。
・仕事をやっていてお子さまに伝えたいことはどんなことですか。

【母親へ】
・お子さまの名前の由来をお聞かせください。
・ご主人とお子さまのことについての話し合いはどのようにされてますか。
・家族の健康についての考えと、実際やっておいでのことについて聞かせください。
・ご主人のどのようなところをお子さまに受け継いで欲しいと思われますか。
・最近お子さまを褒めたことや叱ったことはありますか。どのようなことか具体的に教えてください。
・家庭内で意見の食い違うことはありますか。そのようなときはどうされてますか。
・叱ったあとはどのようにされてますか。
・育児で困ったことはどのようなことでしょうか。そのときご主人はどのようなアドバイスをされましたか。

〈時間〉　適宜

〈解答〉　省略

学習のポイント

お子さまへの質問は、1問1答ではなく、質問の答えに対する理由まで聞かれます。例えば、「好きな食べ物は何ですか？」と質問があり、回答すると「それはなぜですか？」と聞かれます。お子さまのコミュニケーション力や、論理的思考が観られているため、自分の言葉で、自分の考えを伝えられるようにしておく必要があります。普段から、保護者の方はお子さまのとった行動について理由をしっかり聞くようにしておきましょう。そうすることでお子さまは自分の意見・理由を言うことが自然とできるようになります。保護者の方への質問は、普段から、保護者の方同士のコミュニケーションが上手くとれているかどうかが分かる質問がされています。試験前に打ち合わせて答えられるものではなく、日頃の生活で、お互いに尊敬できるような関係かどうかを知りたいという学校側の意図を理解しておきましょう。

【おすすめ問題集】

新小学校受験の入試面接Ｑ＆Ａ、家庭で行う面接テスト問題集、
保護者のための面接最強マニュアル

2022年度以前の入試問題

問題11　分野：記憶（お話の記憶）

〈準備〉　クーピーペン

〈問題〉　今日は、クマさんの５歳のお誕生日です。クマさんは、ウサギさんをお誕生会に誘いました。ウサギさんが、どんな洋服を着ていこうか迷っていると、お母さんが「おじいちゃんからプレゼントでもらった白いブラウスはどうかしら？」と言ってくれました。ウサギさんは、タンスから白いブラウスと水玉模様の赤いスカートを取り出して、リボンのついた靴を履いていくことにしました。クマさんのプレゼントは何にしようか考えていると、お庭に咲いているコスモスの花が目に入りました。ウサギさんは、クマさんの歳の数だけコスモスの花を摘み取ると、お母さんが素敵な花束にしてくれました。ウサギさんは、リュックサックにハンカチと水筒とプレゼントの花束を入れ、「お母さん、行ってきます」と元気に出かけていきました。クマさんの家に向かう途中、お花の苗を植えているリスのおばさんに会いました。ウサギさんは、「こんにちは」と元気よく挨拶をしました。ウサギさんは、大きな赤い橋を渡り、２つ目の角を左に曲がると、クマさんの家に着きました。クマさんは、笑顔で迎えてくれました。お友だちのキツネさんとネズミくんは、もう先に来ていました。「クマさん、お誕生日おめでとう」とみんなでお祝いを言いました。キツネさんはドングリで作ったネックレス、ネズミくんはもみじの葉っぱで作ったしおりをクマさんにプレゼントしました。ウサギさんもリュックサックからプレゼントを取り出して、クマさんに渡すと、「みんな、素敵なプレゼントをどうもありがとう」クマさんは、とても喜んでくれました。クマさんのお母さんは、「今日はお祝いに来てくれてありがとう。ケーキを作ったから、みんなで仲良く食べてね。この子の弟や妹も一緒にいれてね。」と言って、丸くて大きいケーキを持ってきてくれました。お母さんは、人数分同じ大きさにケーキを切り分けてくれました。クマさんのお母さんが作ったケーキは、とてもおいしかったので、みんなはあっという間にケーキを食べてしまいました。

①ウサギさんがお誕生会に着ていった洋服に○をつけてください。
②ウサギさんがクマさんの誕生日のプレゼントで渡したものに○をつけてください。
③お誕生日会には、何人のお友だちが来ましたか。その数だけ○を書いてください。
④クマさんのお母さんが、切り分けたケーキの数だけ○を書いてください。

〈時間〉　各30秒

〈解答〉　①左端　②左端　③○：３　④○：６

［2022年度出題］

学習のポイント

お話は長くはありませんが、色々と情報が盛り込まれており、内容は複雑です。ですから、しっかりとお話を聞いていなければ回答するときに混乱してしまいます。混乱せずにしっかりと覚えるためには、読み聞かせの量を増やすことをおすすめいたします。お話の記憶を解く力は読み聞かせの量に比例するといわれており、また、聞く力は全ての学習の基礎となります。この問題のチェックポイントとして、動物とそれぞれがプレゼントした物を結びつけることができるかを確認してください。今回は問われていませんが、よく問われる内容ですからきちんと把握できるようにしておきましょう。また、最後の設問では、ケーキを切り分けた数を問われていますが、「切り分けた数＝食べた人の数」ということになります。クマさんのお母さんの会話の中に、「この子の弟や妹も一緒に入れてね」とありますが、こうしたちょっとした内容でも、聞き漏らさず、しっかりと記憶ができていたでしょうか。このようなことを踏まえ、読み聞かせと平行して対策をとることをおすすめいたします。

【おすすめ問題集】
1話5分の読み聞かせお話集①・②、お話の記憶問題集 初級編・中級編、
Ｊｒ・ウォッチャー19「お話の記憶」、20「見る記憶・聴く記憶」

問題12　分野：数量（数える、たし算・ひき算）

〈準 備〉　クーピーペン

〈問 題〉　①ゾウとクマを合わせた数と同じ数の動物を下の絵から選んで○をつけてください。
②ウサギとクマの数はいくつ違いますか。その数だけ下のマスに○をつけてください。

〈時 間〉　各20秒

〈解 答〉　①リス　②○：3

[2022年度出題]

学習のポイント

このような問題でのミスは、大きく２つに分けることができます。１つ目は、数を数える際、重複したり、数え忘れることです。これは、数える方向を常に一定にすることで防ぐことが可能です。日常生活において見る方向を常に同じにするなど、生活レベルに落とし込むことで、自然と身につけることができると思います。また、数えた絵に印を付ける方法もありますが、この問題のように１枚の絵で、複数の問題がある場合は、その都度、印を付けていたら問題用紙が汚くなり、かえって分かりずらくなってしまいます。できることなら、印を付けることなく数を把握できることが望ましいといえます。どうしても分からない場合は、チェックの印は小さく付けるようにしましょう。もう１つのミスは、数に関することそのものが分からないことです。この場合は、日常生活において、意識的に数に触れるようにしてください。身の回りには数えられる物がたくさんありますが、それら具体物を利用して数に関する知識を習得してください。

【おすすめ問題集】
Ｊｒ・ウォッチャー14「数える」37「選んで数える」、38「たし算・ひき算１」

問題13　分野：数量（同数発見）

〈準備〉　クーピーペン

〈問題〉　左の箱にある数と同じ数の箱を右から選んで、○をつけてください。

〈時間〉　各15秒

〈解答〉　①右から２番目　②右から２番目　③左端　④右端

[2022年度出題]

学習のポイント

この問題は、ばらばらに配置された絵から、同じ数を見つけなければなりません。このような問題の場合、まずは選択肢の中で明らかに違うものを除外し、比べるものの数を減らしてから取り組むと解きやすくなります。しかし、回答時間が短いことを考えると、それだけではなく、スピードも求められる問題となっています。よく、スピードアップには難易度を下げた問題で行うとよいと言われますが、試験までの時間を考慮すると、ゆっくりと対策をとることはできません。そこでスピードアップを図る方法として、スピードだけを意識したことを行ってから、ペーパーに取りかかります。例えば、トランプを順番に並べる、オセロの駒を早く並べるなど、単純作業をタイムを計りながら遊びとして行います。その後、ペーパーを行うと、最初の問題は手が早くなっていると思います。保護者の方はスピードがアップしたことを褒めてあげてください。伝えることでお子さまは早くできたんだと自覚でき、自信となってきます。このようにスピードはスピード、学習は学習と切り離すことで力がついてきますのでお試しください。

【おすすめ問題集】
Ｊｒ・ウォッチャー14「数える」、36「同数発見」、41「数の構成」

問題14　分野：系列

〈準 備〉　クーピーペン

〈問 題〉　それぞれの絵は、ある約束の順番に並んでいます。点線の四角に入る絵を下から選んで○をつけてください。残りの問題も同じように進めてください。

〈時 間〉　各15秒

〈解 答〉　下図参照

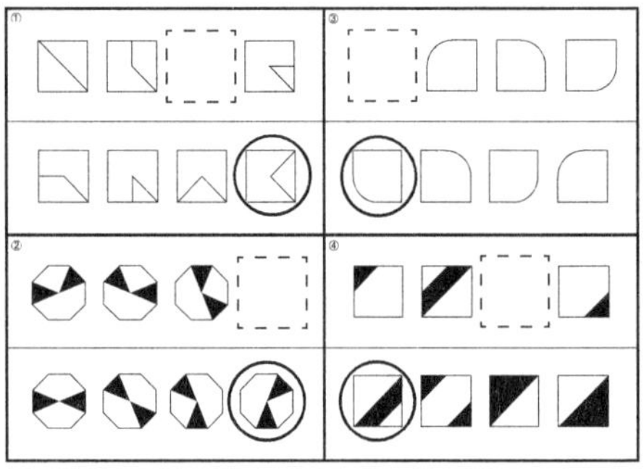

［2022年度出題］

学習のポイント

系列を完成させるには、どのような約束事で絵が並んでいるかを左右の配列から推理・思考することが必要です。問題を解く際に注意して頂きたいことは、声に出して問題を解かない。ということです。入試の最中に声に出して考えていると、他のお友だちに迷惑がかかってしまったり、考えていることの邪魔をすることになります。すると「声に出して考えないで」と注意を受けることになります。試験中、先生に注意を受けてしまったら、その後は落ち着いて臨むことはできません。そうしたことを予め把握しておけば、それに合わせた対策をとることが可能です。ご自宅で学習をする際は、声に出さずに考えることを習慣化しましょう。

【おすすめ問題集】
Ｊｒ・ウォッチャー2「座標」、5「回転・展開」、6「系列」

問題15　分野：巧緻性（運筆）

〈準 備〉　鉛筆、クーピーペン（緑色）※葉の色を、濃い、中くらい、薄いに塗り分けておく。

〈問 題〉　（問題15-1、15-2の絵を渡す）
家と木の絵が描いてあります。点線で書かれた部分を鉛筆でなぞってください。お手本と同じ絵になるように、色を塗ったり、足りない絵を描き足して、絵を完成させてください。

〈時 間〉　5分

〈解 答〉　省略

［2022年度出題］

学習のポイント

運筆と巧緻性の要素が込められている問題ですが、問題をしているお子さまは筆記用具を正しく持っているでしょうか。筆記用具を正しく持っていないと、運筆も上手くはいきません。特に色を塗る行為などは、手首の動かし方が大切になり、持ち方がおかしいと手首の動きも制限されてしまい早く、上手く塗ることは難しくなります。線の上をなぞる行為ですが、お子さまは上手くできましたか。ただ結果だけを見るのではなく、なぞっているときのスピードがどうだったかも大切になります。その上で、はみ出ることなくなぞれることを目指してください。また、直線など、ある程度の長さがある場合、途中で動きを止めているのか、それとも一気に描いているのかもチェックをしておくとよいでしょう。前者の場合、手首を上手く使えず、指を動かせて補える範囲だけで描いている場合があります。そのような場合、入学後に文字を習っていく際、上手く描くことができないなど、影響が出る場合もあります。今だけではなく、先を見据えて練習をしてください。

【おすすめ問題集】
Ｊｒ・ウォッチャー23「切る・貼る・塗る」、51「運筆①」、52「運筆②」

問題16　分野：観察（行動観察・生活習慣）

〈準備〉　花紙、海の生き物に見立てたおもちゃ、ビニールプール、テープ、カラーボール、スカーフ、サルのぬいぐるみ、かご

〈問題〉　**この問題の絵はありません。**
①海に見立てたビニールプールに、水色のお花紙を丸めて入れる。１人６匹釣ることができるが、タコとヒトデは釣れないという約束があり、魚を釣って楽しむ。
②床に丸い円がテープで示されている。円のまわりに正座する。円の中央にかごがあり、中にカラーボールが入っている。カラーボールを１個取り、スカーフで包み、サルの絵の目の前にあるかごまで運んでボールを入れる。

〈時間〉　適宜

〈解答〉　省略

［2022年度出題］

学習のポイント

約束事をしっかりと覚えていたでしょうか。また、意欲的に、元気よく取り組むことができていましたか。実際の入学試験では、初めての場所で、初めて会うお友だちと試験を行います。人の動きを見てから動いたり、恥ずかしがって動きが小さくなってしまうことはよいとは言えません。お家で対策をとる際も、上手にではなく、楽しく、思いっきりすることを大切にしてください。練習を重ねていけば自然と上達してきます。お子さまの上達が見られたとき、そのことを伝えてください。人は、褒められると嬉しくなり、嬉しくなると、他のことにも良い影響を及ぼします。こうした一連の流れが試験対策では重要です。また、身体を思いっきり動かすことはストレスの発散にもなり、学習にも良い効果を及ぼします。楽しみながら色々と試してみましょう。

【おすすめ問題集】
Ｊｒ・ウォッチャー23「切る・貼る・塗る」、25「生活巧緻性」、29「行動観察」、56「マナーとルール」

問題17　分野：巧緻性（切る・貼る・塗る）

〈準 備〉　折り紙（桃色・青色）、黄色丸シール

〈問 題〉　この問題の絵はありません。
桃色・青色の折り紙、黄色の丸シールを使い、指示通りにリボンを作る。

〈時 間〉　適宜

〈解 答〉　省略

［2022年度出題］

学習のポイント

巧緻性は、急には実力がアップしない分野の１つです。器用さや、出来栄えなどは、そのお子さまの感性なども関係しますが、主に練習量に比例すると言えます。例え、工作や絵画が苦手であっても、一生懸命することは誰でもできることです。少しずつでも練習をすることで上達はしていきますので諦めずに取り組みましょう。また、巧緻性のテストでは、指示がまとめて出されます。技術力だけでなく、集中力や理解力なども巧緻性のテストでは求められます。対策としては日常生活において、お子さまへの指示はまとめてするようにしましょう。まとめて指示をする際のポイントは、お子さま自身に直接影響のあることを１番最後にすることです。自分に関係することなら、忘れにくいと思います。

【おすすめ問題集】
Ｊｒ・ウォッチャー20「見る記憶・聴く記憶」、23「切る・貼る・塗る」、25「生活巧緻性」

問題18　分野：言語

〈準備〉　クーピーペン

〈問題〉　ネコさんは、ヒツジさんから借りていた絵本を右手に持っています。これからヒツジさんの部屋まで絵本を返しに行きます。1階の一番右の部屋にはイヌさんが住んでいて、左端の部屋には、リスさんが住んでいます。ヒツジさんは、リスさんの上の部屋に住んでいるので、ネコさんは、今いる場所から1番近いはしごを使って、ヒツジさんの部屋に行きましたが、ヒツジさんは留守でした。しかたがないので、また、はしごを使って、1つ上の階に住んでいるヒツジのおばあさんに絵本を預けて帰ってきました。

①本を返しに行ったネコさんに○、ネコさんがはじめにのぼったはしごに△をつけてください。
②ヒツジさんの部屋に×をつけてください。

〈時間〉　各20秒

〈解答〉　下図参照

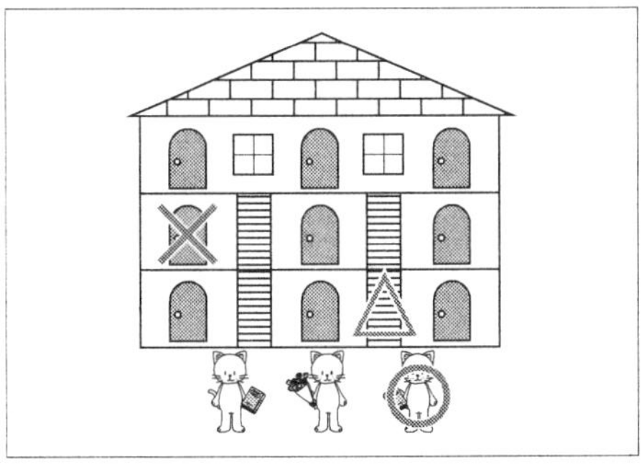

［2021年度出題］

学習のポイント

短文の記憶問題です。お話はさほど長くはないですが、しっかりと聞いていなければ解けない内容となっています。問題文に「ネコさんは右手に絵本を持っている」とありますが、問題を解く際は、ネコさんを正面から見ることになり左右が反転します。このことに気がついたでしょうか。お話の内容だけに気を取られていると、こうした設問への対応が疎かになってしまいます。また、この問題では位置関係について問われています。ここ近年、このような位置の移動の問題はよく出題される傾向にあります。位置関係を把握するには、お話の流れに沿って、頭の中で情景をイメージすることがポイントになります。このイメージする力は、日常生活で鍛えることができます。例えば、お子さまに「朝ご飯は何を食べた？」「朝ご飯のあとは何をした？」など、お子さまがとった行動について時系列で質問をします。お子さまは質問に答えるために、自分の行動を順番に思い出します。この質問をしたあと、「今からお話を読むから、今と同じように頭の中にお話を思い描いてみて」と声をかけてからお話を読み始めます。「今と同じように」と言われることで、お子さまは、朝ご飯を思い浮かべたときと同じように頭の中で思い出しながらお話をイメージしようとします。この学習は効果が上がりますので、試してください。

【おすすめ問題集】
お話の記憶　初級編・中級編、Ｊｒ・ウォッチャー2「座標」、
18「いろいろな言葉」、19「お話の記憶」、20「見る記憶・聴く記憶」、

問題19　分野：言語

〈準　備〉　クーピーペン

〈問　題〉　今日はカバくんの誕生日です。ネコさんはプレゼントを持って、カバくんの部屋へ行きました。カバくんの部屋にはウシさんが先に来ていましたが、クマさんがまだ来ていなかったので、ネコさんはクマさんを迎えに行きました。クマさんの部屋は、ネコさんの部屋から階段でひとつ下の階のいちばん右の部屋です。くまさんの部屋に○をつけてください。

〈時　間〉　15秒

〈解　答〉　下図参照

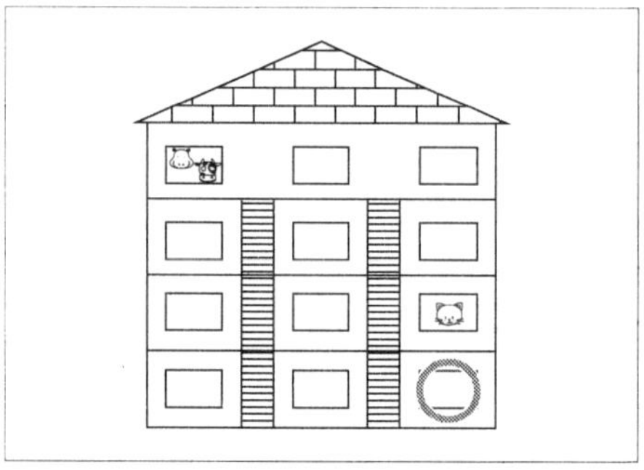

［2021年度出題］

学習のポイント

お話の中では、ネコさんは、カバくんの部屋に行ったり、クマくんを迎えに行ったり、移動していますが、最終的には、迎えにいったクマくんの部屋は、ネコさんの１つ下の階の１番右の部屋ということです。このようにお話の中で、様々な動きのある場合、お話を聞きながら、位置関係について理解をすることが大切です。まずは、左右分別を理解すること、お話を最後まで集中して聞くこと、内容を記憶することが必要になってきます。左右分別に関しては、日常生活やお手伝いなど、普段から左右を意識することで必ず身に付いていきます。集中力や記憶力を養う読み聞かせについては、読み終わったあとに、「どんなお話だったか」「何が出てきたか」「いくつだったか」など、お子さまにいろいろな質問をして、答えてもらうことを取り入れてみてください。答えてもらうことで、どの部分で理解が足りていないかを確認することができます。

【おすすめ問題集】

お話の記憶　初級編・中級編・上級編、Ｊｒ・ウォッチャー2「座標」、18「いろいろな言葉」、19「お話の記憶」、20「見る記憶・聴く記憶」

問題20　分野：数量（たし算・ひき算、選んで数える）

〈準備〉　クーピーペン

〈問題〉　①ウマは何頭いますか。その数だけ○を書いてください。
②ヒツジとブタを合わせると何匹になりますか。その数だけ○をつけてください。
③ニワトリの数よりひとつ少ない数の生き物を選んで○をつけてください。

〈時間〉　各20秒

〈解答〉　①○：4　②○：5　③ヒヨコ

［2021年度出題］

学習のポイント

この問題は、基本的な「数える」ことから、「和」を求める内容、「比較」と、数に関する様々な内容が詰まった出題となっています。そのため、設問毎に問われている内容が違います。このような問題の場合、問題文を最後までしっかりと聞き、問われている内容を正確に把握しなければ全問正解は難しくなります。問題文を正確に聞き取ることがこの問題の一番最初のハードルということになります。よく、問題の絵を見て、問題の最初だけを聞いただけで、問われている内容を決めつけてしまうお子さまがいますが、このような思い込みで問題に取りかかることは避けましょう。近年、最後まで話の聞けないお子さまが多くなり、学校側の懸念事項としても挙がっています。もう一つのチェックポイントは、数を数える時の方向、順番です。これは決まった方法などはありませんが、できることなら、常に同じ方向、同じ順番で数えるようにしましょう。これは、「重複して数える」「数え忘れ」のミスを防ぐためです。

【おすすめ問題集】
Ｊｒ・ウォッチャー14「数える」、37「選んで数える」、38「たし算・ひき算１」、39「たし算・ひき算２」

問題21　分野：数量（たし算・ひき算、選んで数える）

〈準備〉　クーピーペン

〈問題〉　①アヒルは何羽いますか。その数だけ○を書いてください。
②テントウムシとチョウチョを合わせると何匹になりますか。その数だけ○を書いてください。
③アヒルよりも３つ少ない数の生き物を選んで、○をつけてください。

〈時間〉　各20秒

〈解答〉　①○：7　②○：9　③テントウムシ

［2021年度出題］

学習のポイント

前問に比べ、数の基本的な内容が問われています。こうした難易度の優しい問題は取りこぼさずに全問正解ができるようにしましょう。数を早く、正確に数えることを求められる問題ですが、そのためには数える方向を常に一定にして、数える経験量を増やすことが求められます。また、スピードアップを図るためには、単に問題の難易度を下げるだけではなく、スピードを必要とするゲームなどを取り入れることをおすすめいたします。例えば、トランプを順番に並べるタイムを競う。○を10個書きタイムを計る。などです。スピードを求めることをすれば自然と手を動かすスピードが速くなります。そのことを利用し、スピードを競うことをした後に数の問題に取りかかると、数えるスピードも速くなっているはずです。こうしたことに、正確性を身につけていけば、自然と解けるようになってきます。焦らず、取り組んでください。

【おすすめ問題集】
Ｊｒ・ウォッチャー14「数える」、37「選んで数える」、38「たし算・ひき算１」、39「たし算・ひき算２」

問題22　分野：数量（１対多の対応）

〈準　備〉　クーピーペン

〈問　題〉　①左のチューリップを花びんに２本ずついれると、花びんはいくつ必要ですか。その数だけ○を書いてください。
②左のヒマワリを花びんに３本ずついれると、花びんはいくつ必要ですか。その数だけ○を書いてください。

〈時　間〉　各20秒

〈解　答〉　①○：６　②○：７

［2021年度出題］

学習のポイント

１対多の対応ですが、問題としては難易度の高さを感じてしまう方もいると思います。しかし、日常生活を見回すと、１対多の対応は色々なところにあると思います。そのことに気がついているかどうかも大切ですが、まずは、問題に対する苦手意識を持たないようにすることが先決となり、そのあとに、力の伸長という順番になります。こうして理論を必要とする問題を教える際、知識として教えると難しく捉えてしまうお子さまがいるので、教える際は身近にあるものを活用して教えてあげるとよいと思います。そして、数の少ない状態から始めることで理解ができると思います。この問題は、解き方・考え方が分かると、あとは、作業の繰り返しになります。解き方の理解ができたら数を増やし、条件を変えて取り組んでみてください。この問題の考え方は、他の置き換えの問題などにも応用ができますのでしっかりと学習しましょう。

【おすすめ問題集】
Ｊｒ・ウォッチャー14「数える」、40「数を分ける」、42「１対多の対応」

問題23　分野：図形（点・線図形）

〈準備〉　クーピーペン

〈問題〉　それぞれの段のお手本を見て、同じになるように右に書いてください。

〈時間〉　１分

〈解答〉　省略

［2021年度出題］

学習のポイント

位置関係の把握、運筆などが求められる問題ですが、位置関係の把握と運筆は別々に考えるとよいでしょう。位置関係の把握は、方眼紙、オセロ板などを活用することをおすすめします。どちらもマス目ができています。そのマス目、交差している点を活用して、位置関係の把握に努めてください。その位置関係がきちんと把握できれば、書き写すことにしても次の線をどこに向かって引けばよいのかが分かります。あとは、この作業を繰り返すだけですから、まずは位置関係の把握はしっかりと身につけましょう。点を結んで線を書く場合、点と点との間を通る斜め線は難易度が高くなります。こうした場合でも目標をしっかりと把握していれば迷うことなくしっかりと線が書けるようになります。運筆は筆記用具を正しく持ち、正しい姿勢で線を引きましょう。近年、筆圧の弱い子が多くなりました。せっかくきちんと書いても、採点者が分からないと×になる可能性もあります。採点者にしっかりと分かるように書くことは大切です。

【おすすめ問題集】
Ｊｒ.ウォッチャー１「点・線図形」、２「座標」、51「運筆①」、52「運筆②」

問題24　分野：知識（理科）

〈準備〉　クーピーペン

〈問題〉　太陽が絵の位置にあるとき、影はどうなりますか。正しい影の絵に○をつけてください。下の絵も同じように進めてください。

〈時間〉　適宜

〈解答〉　①真ん中　②右から２番目

［2021年度出題］

学習のポイント

この問題は、日常生活を通して知って欲しい知識の１つですが、近年のコロナ禍の生活ではそれも難しいでしょう。故に、この時期にこの問題を出題したことは、受験者にとって盲点だったと思います。本来であれば、実際に外に出て、太陽と影の関係性を確認することが１番ですが、室内でも懐中電灯を太陽に見立て、光と影の関係性を確認することができます。影のできる位置だけでなく、太陽や懐中電灯の高さによって変化する、影の長さについても確認しておきましょう。法則が分かれば、あとは太陽がどの位置にあるかで解答を導き出すことが可能になります。この法則を利用したものに、日時計があります。自然の法則を利用したものは日常生活に溢れていますから、お子さまとそれらについて会話することも、知識の獲得に役立ちます。

【おすすめ問題集】
Ｊｒ．ウォッチャー27「理科」、55「理科②」

問題25　分野：知識（季節）

〈準　備〉　クーピーペン

〈問　題〉　左から右へ季節が移り変わっていきます。空いている四角に入る絵はどれですか。下の４つの絵から選んで○をつけてください。その下の絵も同じように進めてください。

〈時　間〉　各20秒

〈解　答〉　①左端　②右から２番目

［2021年度出題］

学習のポイント

季節の移り変わりですが、それぞれの季節と行事、花、食べ物などを結びつけることは、小学校受験には必要な知識の１つになります。特に、冬の生活に関係する物ですが、近年の生活様式の変化から、コタツ、湯たんぽどは目にすることがなくなりましたが、冬の物としてはよく出てくる物ですからしっかりと覚えておくようにしましょう。弊社へのご質問として、このような物は目にしないのだから、出題するのはおかしいのではないかという内容のものがありますが、結果的なこととして、よい、悪いではなく、出題されている以上、受験する側は対応しなければならないということになります。現代の生活では、床暖房、エアコンが主流ですが、それを絵で示すことは不可能です。そのことを考慮すると、コタツや湯たんぽなどが出題されることは致し方ないことでもあります。また、行事に関しては１年に一度しかありません。ですから、様々な行事はできるだけ多く体験するように取り組んでください。

【おすすめ問題集】
Ｊｒ．ウォッチャー12「日常生活」、34「季節」

問題26　分野：推理（生活習慣・時間の流れ）

〈準 備〉　クーピーペン

〈問 題〉　ここにある絵は、１つのお話になるよう順番通りに並んでいます。空いているところに入る絵を下から選んで○をつけてください。下の絵も同じように進めてください。

〈時 間〉　１分

〈解 答〉　①右端　②右から２番目

［2021年度出題］

学習のポイント

時間の流れ、物語のストーリー順に並べる問題もよく見られる問題の１つです。順番に並べる問題は、内容を知らないと対応ができません。ですから、対策としては、読み聞かせや図鑑を読むことがあります。読み聞かせのあとに、感想を聞いたり、内容の確認をしたりすることが対策になります。また、このような問題に取り上げられるお話は、有名なお話が大半を占めます。これは、こうした有名なお話ならきちんと読み聞かせをしているという考えの基に取り上げられています。その考えの中には、多くの昔話の中には、道徳的な内容も含まれており、「このような場合どう思ったか」「どうしたらよいか」という思いも含まれているからです。近年、本来の残酷な内容がハッピーエンドに内容が変更されている本が発行されていますが、受験をされるご家庭の方は、本来の内容を選んで読み聞かせをしてください。

【おすすめ問題集】
Ｊｒ.ウォッチャー13「時間の流れ」、27「理科」、34「季節」、55「理科②」

問題27　分野：運筆

〈準 備〉　クーピーペン（１セット）

〈問 題〉　（問題27の左の絵にあらかじめ色を塗っておく）
左のお手本と同じになるように絵を完成させてください。できたら、お手本と同じ絵になるように、色を塗ってください。

〈時 間〉　適宜

〈解 答〉　省略

［2021年度出題］

学習のポイント

模写のあと、色塗りの指示が出ていますが、保護者の方は筆記用具の持ち方、模写の正確性と丁寧さ、色塗りの完成度などをチェックしてください。このような問題の場合、これができていればよいという重点的なものはありません。先ほど述べたチェック項目に加え、指示をきちんと聞いてその通り実践できているか、最後まで一生懸命取り組めているか、作業中の姿勢はどうか、時間内に終えることができたかなども採点対象となります。このような問題が多く見られるのも当校の特徴といえるでしょうが、それだけ、この要素に含まれている内容を重視しているという表れでもあると思います。ご家庭で練習をされる際も、お子さまを総合的に観察して指導してください。

【おすすめ問題集】

Ｊｒ.ウォッチャー51「運筆①」、52「運筆②」、23「切る・貼る・塗る」

問題28　分野：巧緻性（切る・貼る・塗る）

〈準備〉　ビーズ、ペットボトル、丸シール

〈問題〉　**この問題の絵はありません。**
ビーズ、ペットボトル、丸シールを使い、指示通りにマラカスを作る。

〈時間〉　適宜

〈解答〉　省略

［2021年度出題］

学習のポイント

巧緻性の問題は記憶系の問題と同様、急に力が付く分野ではありません。経験の量が課題の出来に直結する分野の１つでもあります。対策としては、何を作ったのかというよりも、どのようなことをしたかに注目をしていただきたいと思います。巧緻性の問題となると完成度を意識すると思いますが、使用したあとのゴミはどうなっているでしょう。意外と、片付けは忘れがちですが、こうしたことも採点対象となっています。自分で使った物は片付ける習慣が付いているかなどをもう一度確認し、できていない場合は修正しましょう。巧緻性は指示通りできているか、丁寧にできたか、意欲的に取り組めたかなど、総合的に見られる分野の１つとなります。学習としてだけでなく、日常生活の遊びとしても行うことができますから、色々なことにチャレンジしましょう。そして作った物を使用して楽しく遊んでみましょう。

【おすすめ問題集】

実践 ゆびさきトレーニング①・②・③、Ｊｒ・ウォッチャー23「切る・貼る・塗る」

問題29　分野：観察（行動観察）

〈準備〉　丸い布、ボール、傘

〈問題〉　この問題の絵はありません。
①４人で１枚の丸い布を持ち、指示通りボールを動かす。
②制作したマラカスを使う。先生が傘の動きによるマラカスの鳴らし方の約束を説明する。先生の傘の動きに合わせてマラカスを鳴らす。

〈時間〉　適宜

〈解答〉　省略

［2021年度出題］

学習のポイント

先生が示したお手本を見て、積極的にその通りに行うことができたでしょうか。ボール運びなどは上手くいかないことがよくあります。その場合、どのような対応をするかが大切になってきます。失敗をした子は、失敗がしたくてしたのではありません。自分が失敗したとき、どうしてもらったら嬉しいかを考えると、どのような行動をとることがよいのか分かると思います。失敗した子を責めたり、無関心でいることがどうなのか、そのようなことも含めて指導してください。マラカスの扱いについては、多くのお子さまはあまり経験がないと思います。入試では、経験の多少は関係なく、先生の指導を聞き、理解し、実践できるかが大切になります。同時に、取り組んでいるときに意欲なども大切なポイントの１つとなります。結果を気にするあまり、動作が小さくなってしまうのはよくありません。それぞれの内容を楽しむことが大切です。楽しめば、動作も変わってくるはずです。

【おすすめ問題集】
Ｊｒ．ウォッチャー29「行動観察」、30「生活習慣」

問題30　分野：観察（行動観察）

〈準備〉　なし

〈問題〉　この問題の絵はありません。
グループごとにプールと音楽室を見学する。各場所で先生の質問に答える。

〈時間〉　10分

〈解答〉　省略

［2021年度出題］

学習のポイント

グループでの移動と先生の質問に答える問題は、様々な点が観られます。移動中、お友だちをしっかり見ていないと、前のお友だちとの間隔が空いてしまいます。そうなったとき、走ったりしていないでしょうか。また、前後のお友だちとお喋りをしたり、ふざけたりしていないでしょうか。また、先生の質問に答えるときも、先生の方を見てお話が聞け、答えることができたでしょか。そう考えると、この問題はシンプルですが、コロナ禍の子どもたちにとっては盲点を突くような内容です。このような問題は、日常生活の影響が色濃く出る内容です。できなかったことは家庭のしつけの状態として判断されます。入試の中には、お子さまを通して保護者の方の指導力や教育を間接的に観察する内容も出題されます。この問題は、シンプルなように見えますが、対策のとりにくい内容だと思います。普段の生活からしっかりと取り組むようにしましょう。

【おすすめ問題集】

Ｊｒ・ウォッチャー29「行動観察」、30「生活習慣」、56「マナーとルール」

問題31　分野：数量（たし算・ひき算）

〈準 備〉　クーピーペン

〈問 題〉　左の絵の中の数と同じにするには、右の絵のどれと、どれを合わせればよいですか。○をつけてください。下の問題も同じように進めてください。

〈時 間〉　各20秒

〈解 答〉　下図参照

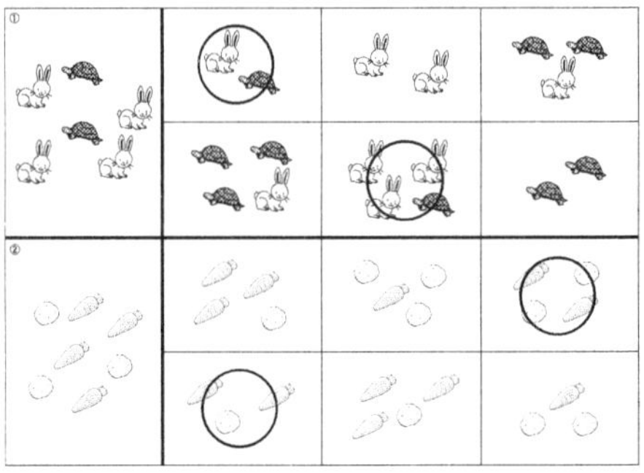

［2020年度出題］

学習のポイント

お子さまは、この問題文を１度読んだだけで、問題の趣旨を理解できましたか。数の操作の問題ではありますが、問題慣れしていないと、このような問題は、一度読み上げられても、どんな意味なのか理解できないかもしれません。問題に取りかかる前に、何を問われているかを確認しましょう。この問題の考え方は、たし算でもひき算でも構いませんが、できれば、10までの数の分割もできると、もっと数が増えても早く解くことができるので、少しずつ力をつけていきたい分野です。上の問題は、まず、お手本にカメが２匹しかいないので、カメが３匹いる絵は選択肢から外れる、ということに気づくことができるかどうかです。たし算・ひき算が苦手でも、選択肢を少しずつ絞れれば、解答は探しやすくなります。ただ、より早く、回答する力をつけるには、数の練習問題の量も必要になってきます。サイコロの目を使い、７の分割はすぐに覚えることができます。たし算やひき算ができることだけではなく、きちんとした○の形を書くことも大切です。

【おすすめ問題集】

Ｊｒ.ウォッチャー38「たし算・ひき算１」、39「たし算・ひき算２」

問題32　分野：図形（合成）

〈準 備〉　クーピーペン

〈問 題〉　上の絵を線に沿ってハサミで切りました。上の絵を切り離したものではないものはどれですか。下から選んで○をつけてください。右の問題も同じように進めてください。

〈時 間〉　30秒

〈解 答〉　下図参照

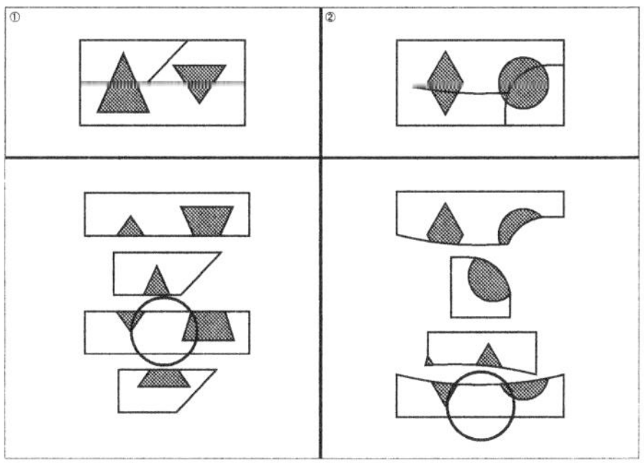

［2020年度出題］

学習のポイント

まずは、具体物で、丸、三角、四角などの形を半分、４分の１に切り、元の形にすることから始めてみましょう。これが基本となっていきます。これならばすぐにできるようになり、少し難しいものにも挑戦する気持ちが生まれてくると思います。できれば、このような経験の後に、ペーパーでの問題を取り組んでいくことが望ましいです。左の問題は、下半分のうちどちらが使われないものかを考えます。同じようなものがある場合は、どこが違うのかをよく見て違いを発見しないといけません。この場合は、切り取ってできたグレーの三角形と台形の位置が違います。この違いを見つけられればすぐに答えはわかると思います。ただ、逆さまになっている選択肢もあるので、難しかったかもしれません。右の問題は、曲線で切り取ったものなので、やや難しく感じるかもしれませんが、１番下の選択肢は緩いカーブで切り取られているので、見本の切り方との違いに気づけば簡単に答えを出すことができます。

【おすすめ問題集】

Ｊｒ．ウォッチャー45「図形分割」、54「図形の構成」

問題33　分野：推理（シーソー）

〈準 備〉　クーピーペン

〈問 題〉　上の部屋のように野菜や果物をシーソーにのせたら釣り合いました。では、下の部屋のようにシーソーにのせるとどのようになりますか。正しい絵に○をつけてください。

〈時 間〉　１分

〈解 答〉　下図参照

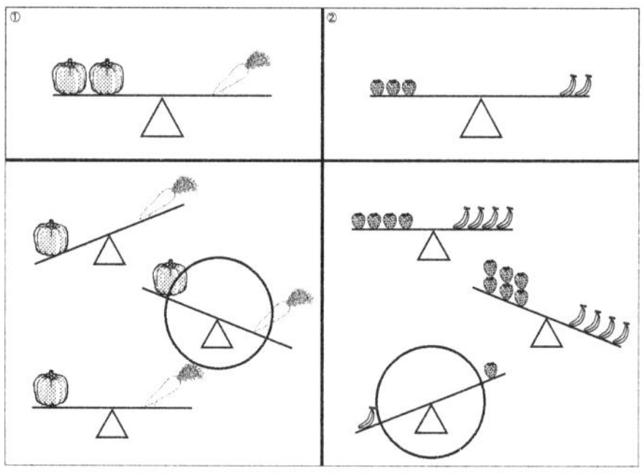

[2020年度出題]

学習のポイント

シーソー問題は、まず、重いほうが下がる、という基本的なことが理解できていないと解くことはできません。公園でのシーソー遊びも昨今はできないでしょうから、定規などで代用し、重いほうが下がることをしっかり確認してください。また、シーソー問題は、置き換え問題でもあります。さらには、実際の重さではなくペーパー上で考えるということもきちんと認識できているかも確認しましょう。シーソーが釣り合っている、ということは、ダイコン１本はカボチャ２個に変身する、といことが理解できましたか。この理解が難しい場合は、置き換え問題と並行して学習することをおすすめいたします。ダイコン１本は、カボチャ２個と同じ重さです。つまり、ダイコン１本はカボチャ２個に変身し、カボチャ１個と比べたら、もちろんカボチャ２個に変身したダイコンの方が重いので、選択肢の真ん中のシーソーが正しい答えとなります。学習を重ね、力をつけていきましょう。

【おすすめ問題集】
Ｊｒ．ウォッチャー33「シーソー」、57「置き換え」

問題34　分野：巧緻性（絵画）

〈準備〉　画用紙、鉛筆

〈問題〉　画用紙に書いてあるウサギの絵の周りに、好きな絵を鉛筆で描いてください。

〈時間〉　５分

〈解答〉　省略

［2020年度出題］

学習のポイント

今回の絵画は、ウサギの絵が画用紙に１匹描かれているのみで、まわりに絵を描き足すよう指示がありました。例年ですと、作業の終わった人は自由に絵を描きましょう、というような説明ですが、今回は、全員に絵の指示があったことが特徴です。絵は上手下手ではなく、描いた絵から、お子さまの日常の様子や性格、好きなもの、興味あるもの、これまでに経験したり、出かけたりしたことなどが感じられるので、そのあたりを見ていることも考えられます。試験中は鉛筆の持ち方や、書くときの姿勢、足の位置などもしっかり見られていることも忘れてはいけません。

【おすすめ問題集】
Ｊｒ．ウォッチャー24「絵画」、29「行動観察」

問題35　分野：数量（積み木）

〈準備〉　クーピーペン

〈問題〉　左側の積み木と同じ数の積み木はどれですか。右側から選んで○をつけてください。

〈時間〉　各20秒

〈解答〉　①左から２番目　②右端　③右端　④左から２番目

［2019年度出題］

学習のポイント

積み木を使った同数探しの問題では、立体図形を把握し、正確に数える必要があります。積み木の数は10個前後のものばかりなので、問題そのものはそれほど難しくはありませんが、１問につき５組の積み木を数えることから考えると、解答時間は少し短く感じるかもしれません。重ねられた積み木の数を１度で正確に数えられるように、しっかりと練習をしておきましょう。上手に数えるためのポイントは、積み木を数える順番を、あらかじめ決めておくことです。積み木が宙に浮いていることはないので、上の方にある積み木の下には、必ず別の積み木が置かれていることになります。そこで、例えば、左側から右側へ（あるいは奥から手前へ）と順番に数えると、隠れている積み木を数え忘れたり、同じ積み木を２度数えたりする失敗を減らすことができます。ふだんの練習では、平面に描かれた積み木を数えたあとで、実際に積み木で同じ形を作って確認してください。絵に描かれた立体を感覚的に把握できるようになります。

【おすすめ問題集】

Ｊｒ.ウォッチャー14「数える」、16「積み木」、36「同数発見」、53「四方からの観察　積み木編」

問題36　分野：図形（重ね図形）

〈準備〉　クーピーペン

〈問題〉　透明なものに、左側にある２つの形を黒いペンで書いて、向きを変えずに重ねます。その時にできる形を、右側の絵の中から選んで○をつけてください。

〈時間〉　各20秒

〈解答〉　①左端　②左から２番目　③右端　④右から２番目

［2019年度出題］

学習のポイント

重ね図形の問題では、それぞれの形を重ねたときの形を思い浮かべ、その形と同じものを探すのが基本的な解き方です。つまり、それぞれがどのような図形かを把握した上で、それを重ねたときにどうなるかをイメージするということになります。本問では、「透明なものに黒いペンで書く」という説明がされているので、絵の白い部分は「透明」という設定です。２枚の絵が重なると、かならず黒い部分が上に見えるということになります。例えば③の場合、白い◇は黒い●に隠されてしまいます。左側の部分が同じ絵を探してから右側の部分を見たり、左側の絵と違うものを消去したりするハウツーを使うと、かえって混乱してしまうかもしれません。できるだけ、２枚の絵を重ねた時の形をそのまま思い浮かべて解くようにしてください。重ね図形では、クリアファイルを利用した方法などがあります。学習の際に活用してみるとよいでしょう。

【おすすめ問題集】

Ｊｒ.ウォッチャー35「重ね図形」

問題37　分野：行動観察

〈準備〉　クーピーペン（１箱）、丸いシール（あらかじめ、リボンとハートの絵を描いたものを、各６枚程度用意しておく）、画用紙（大きめのもの、あらかじめ四隅に花の絵を描いておく）、造花（５色、各２～３本程度）、箱（花が入る程度の大きさのもの、白黒各１つずつ、あらかじめ造花を入れておく）、花瓶（白黒各１つずつ）、エプロン

〈問題〉　この問題の絵はありません。

※この課題は、４名で１つのグループを作って行います。

＜お花屋さんごっこ＞

①６年生のお姉さんとジャンケンを３回します。終わったら、お姉さんからシールを受け取ってください。

・６年生と１対１でジャンケンをする。

・勝つとリボンのシール、負けるとハートのシールがもらえる。

②グループのお友だちと、お花屋さんの看板を作ります。花が描かれている画用紙にシールを貼った後、素敵な看板になるように、クーピーペンを使って描き足してください。

③箱の中にあるお花を、花瓶に移します。白い花瓶には、黄色い花を２本と、ピンク色の花を１本入れてください。黒い花瓶には、好きな色の花を２本入れてください。

④それではお花屋さんごっこを始めます。グループのお友だちと相談して、お店屋さん２人と、お客さん２人に別れてください。お店屋さんになった人は、エプロンをしてください。はじめは、自分たちのグループのお店から、お花を買ってください。２回目は、ほかのグループのお店から買ってもかまいません。先生が太鼓の合図をしたら、お店屋さんとお客さんを交代します。それでは、始めます。

〈時間〉　適宜

〈解答〉　省略

［2019年度出題］

学習のポイント

行動観察の課題では、４名ごとのグループに分かれ、共同制作（看板作り）と集団活動（お花屋さんごっこ）が行なわれました。この課題では、指示をよく聞いて活動することはもちろん、初めて会うお友だちとどのようにコミュニケーションをとれるかが主に観られています。これを「一生懸命頑張る子」「自分から進んで行動する子」「みんなと力を合わせ協力する子」という、当校の創始者が提唱する「三綱領」に照らしてみると、どのような行動をとればよかがわかりやすくなるでしょう。しかし、試験の場で作られたグループでは、ものごとを上手に進められる子が集まることもあれば、逆にそうでないこともあります。みんなと力を合わせると言っても、参加者１人ひとりに合わせた柔軟な対応をお子さまに要求することは難しいでしょう。抽象的なアドバイスをしても仕方ありませんから、例えば「みんながまごまごしている時は、『～を決めよう』と言おう」というように、具体的な行動パターンをいくつか理解させておくのがよいでしょう。

【おすすめ問題集】

Ｊｒ.ウォッチャー29「行動観察」

問題38　分野：自由遊び

〈準備〉　輪投げ、ボールプール、スーパーボールすくい、ブロック、おままごとセット

〈問題〉　この問題の絵はありません。

ここにさまざまな遊び道具が置いてあります。これらの道具を使って、自由に遊んでください。私が「やめ」と言ったらすぐに遊びを止めて、使ったものを元の場所に片付けてください。

〈時間〉　各20秒

〈解答〉　省略

［2019年度出題］

学習のポイント

自由遊びの課題では、試験場で出会ったお友だちや、在校生のお姉さんと一緒に遊びます。遊びの中に垣間見られる、お子さまの自然な姿を観ることが目的と考えられます。また、ご家庭でのしつけや生活態度も観ようとしています。この課題の途中で、試験官の先生がお子さまを１人ずつ呼び出して質問をします。質問の内容は、「今日の試験で楽しかったことは何ですか」「今日はどうやって来ましたか」「朝ごはんに何を食べましたか」など、簡単なものだったようです。遊びに夢中になっているときの質問なので、お子さまの言葉遣いが気になるところです。お友だちやお姉さんと遊んでいる時間と、大人と話をしている時間を区別して、気持ちを切り替えて質問を受けられるとよいでしょう。「先生に声をかけられたら、深呼吸をしてからお話しよう」といった、行動をパターン化するアドバイスを試験前にすると、お子さまも普段通りの受け答えができるかもしれません。

【おすすめ問題集】

Ｊｒ.ウォッチャー29「行動観察」

問題 1

①

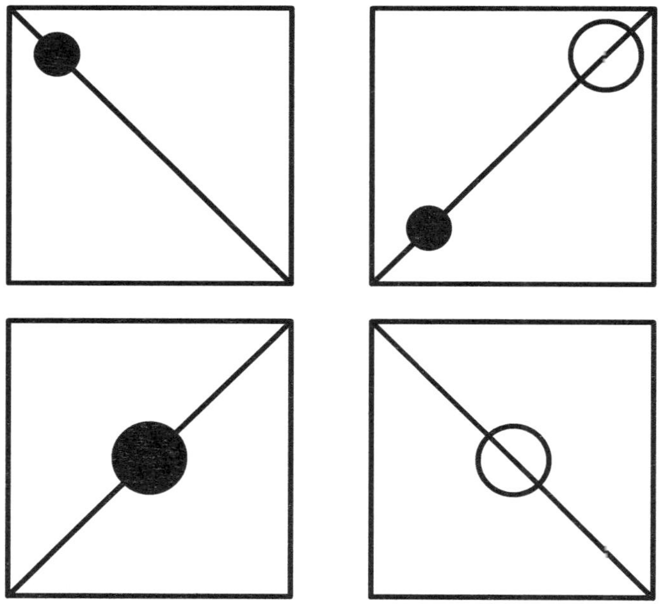

②

③

④

⑤

問題2－1

①

②

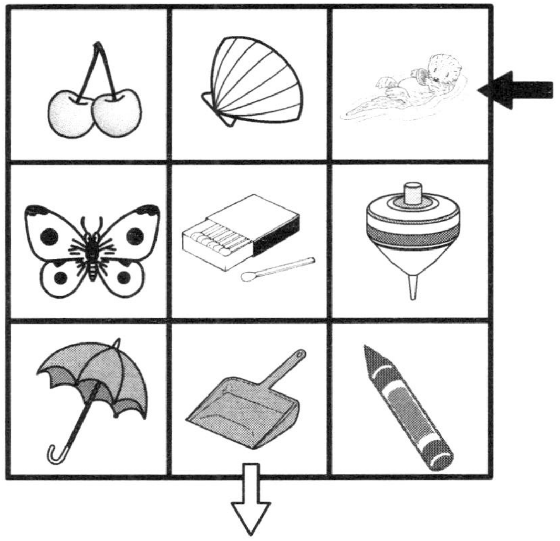

③

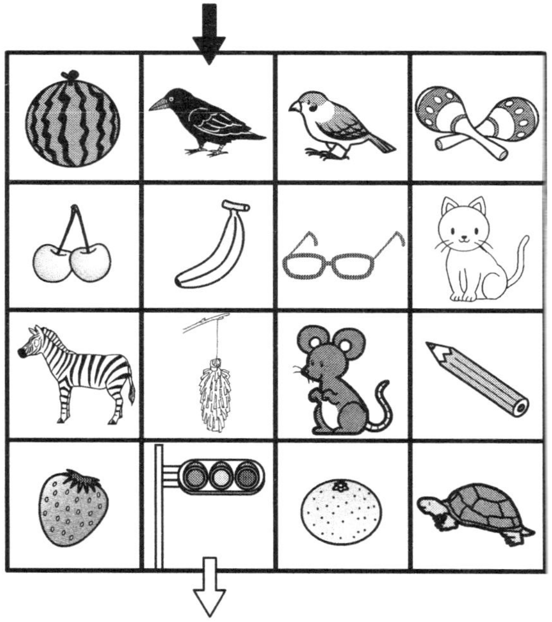

④

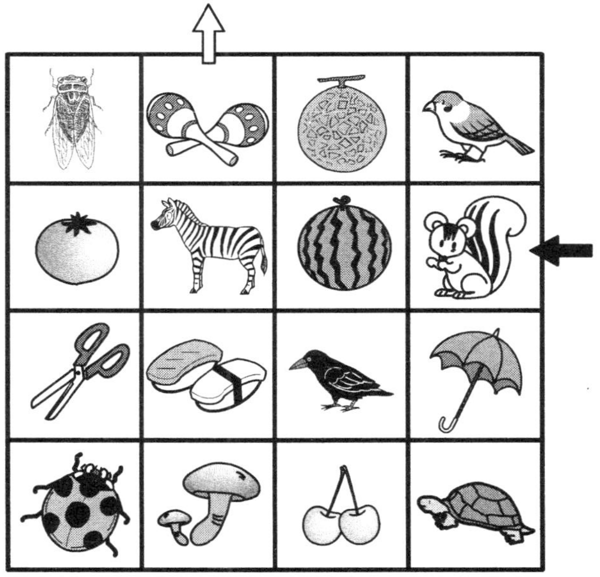

⑤

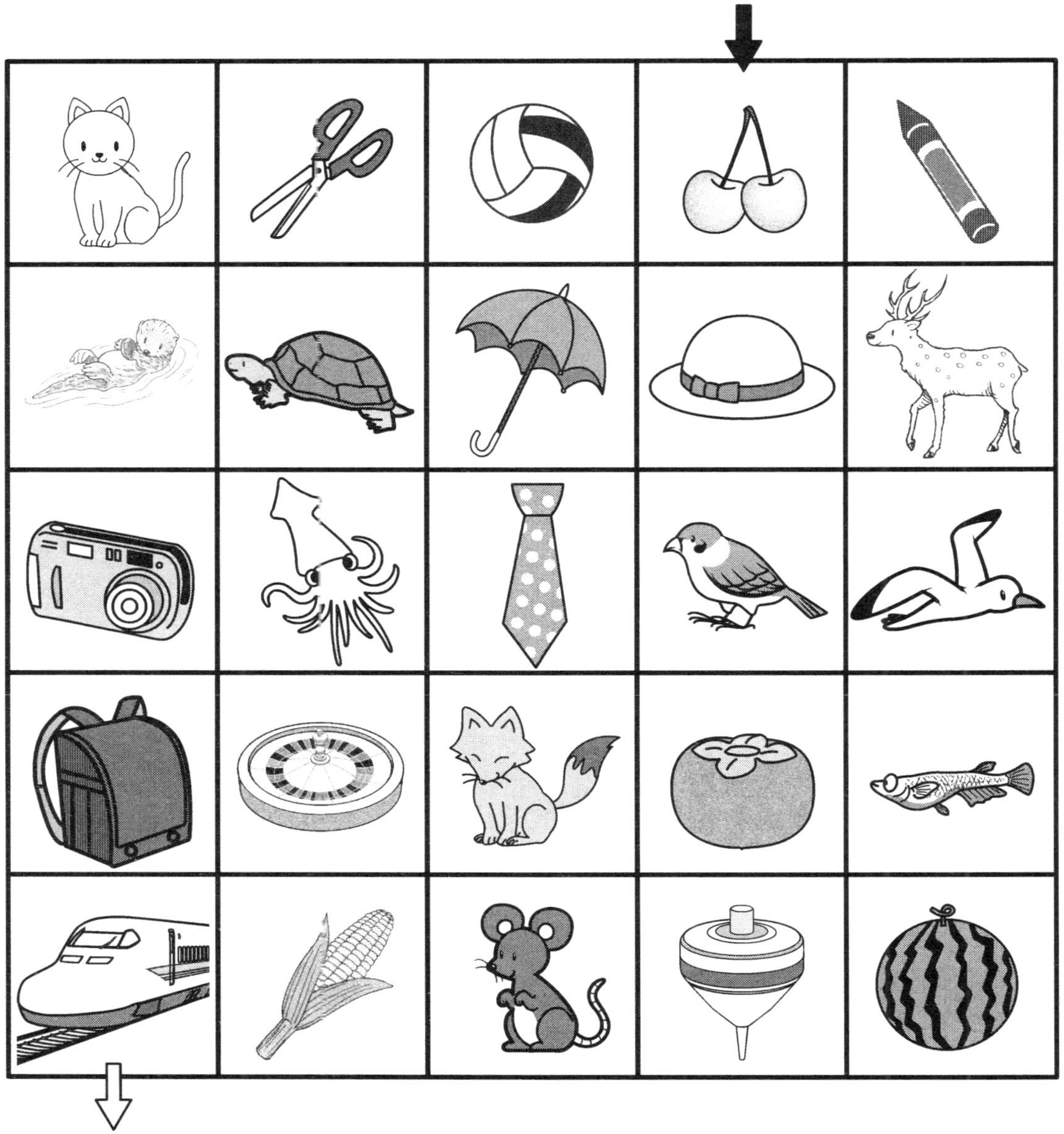

2024 年度　日本女子大学附属豊明小学校　過去　無断複製／転載を禁ずる

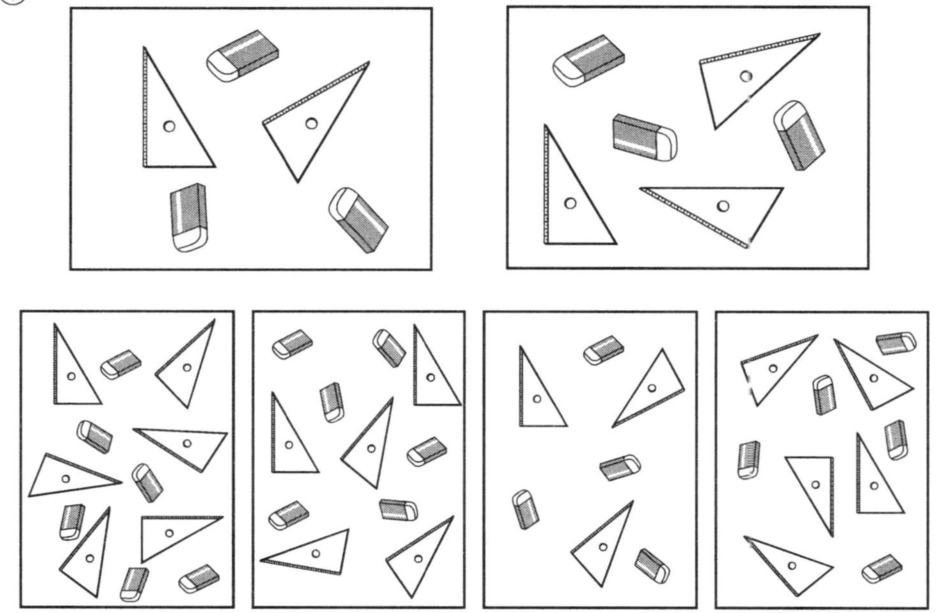

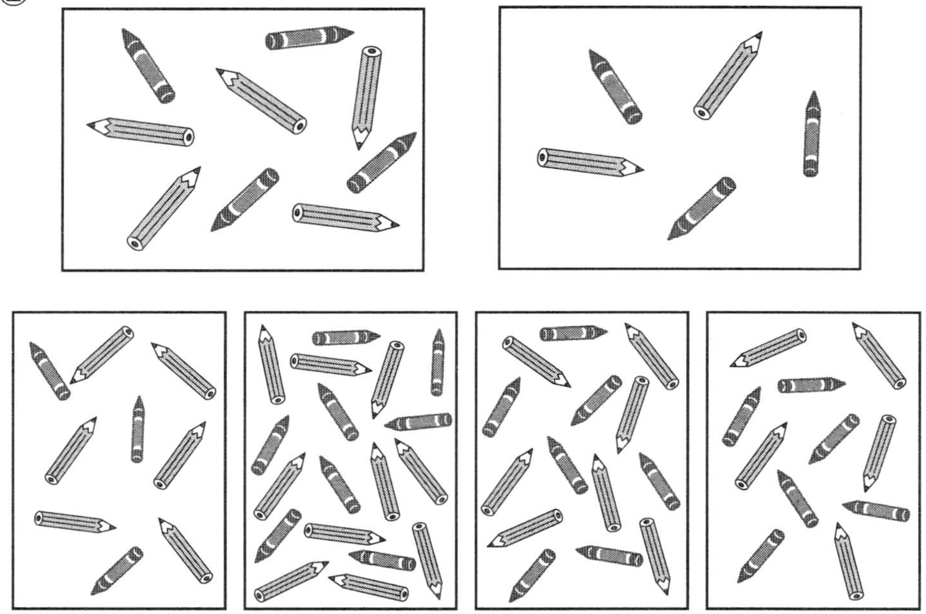

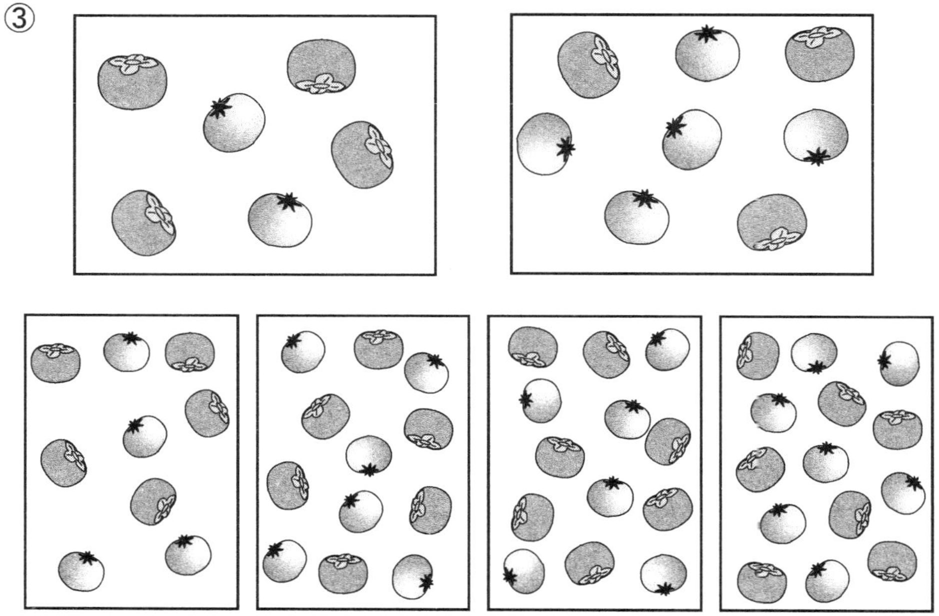

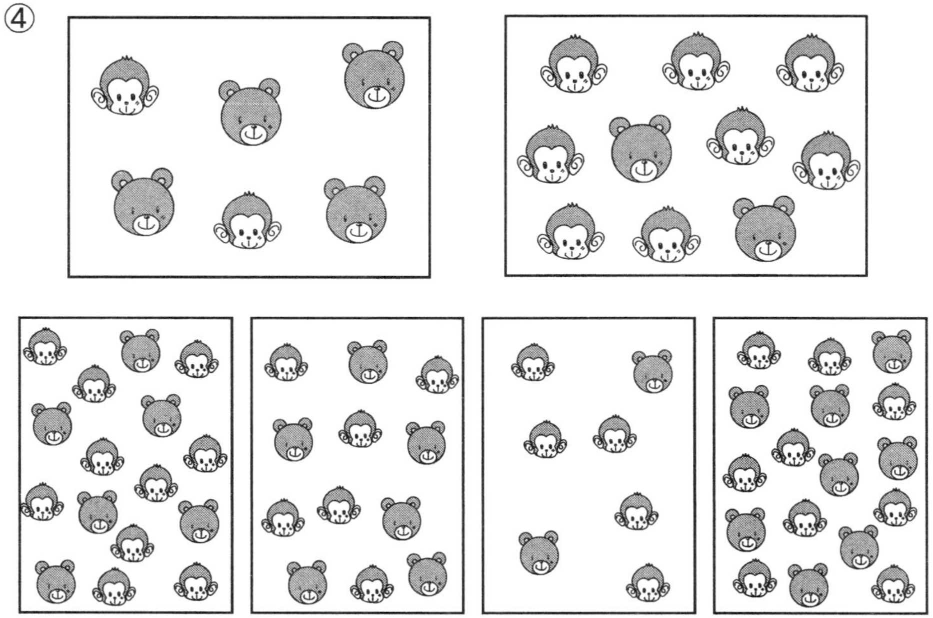

①

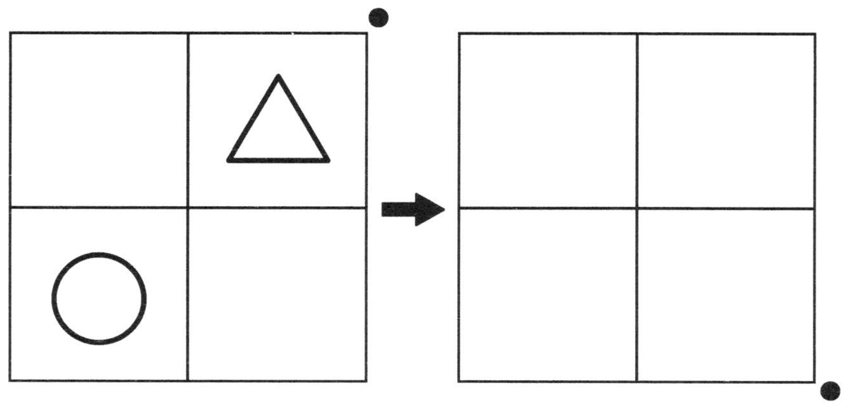

②

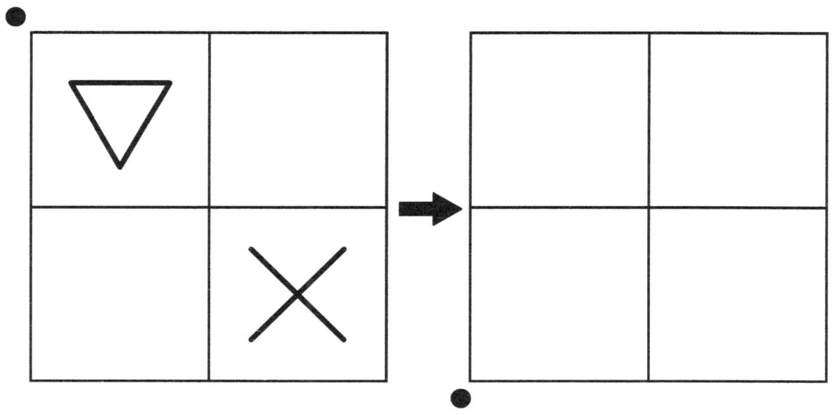

③

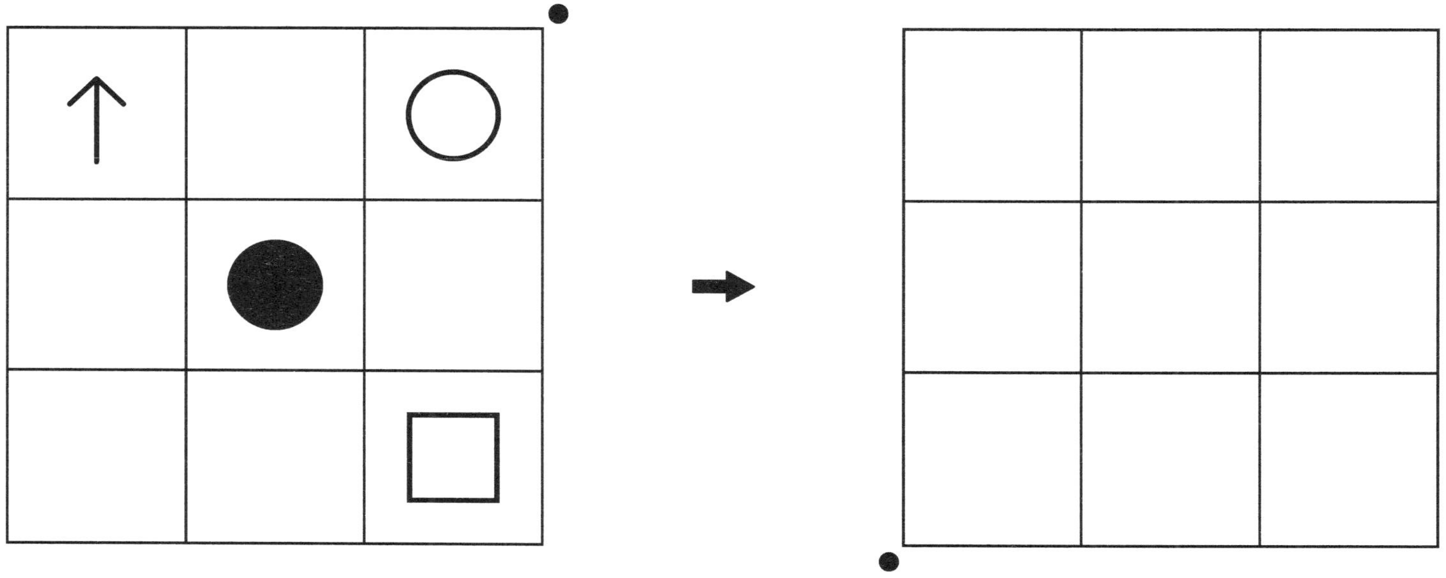

問題 4-2

④

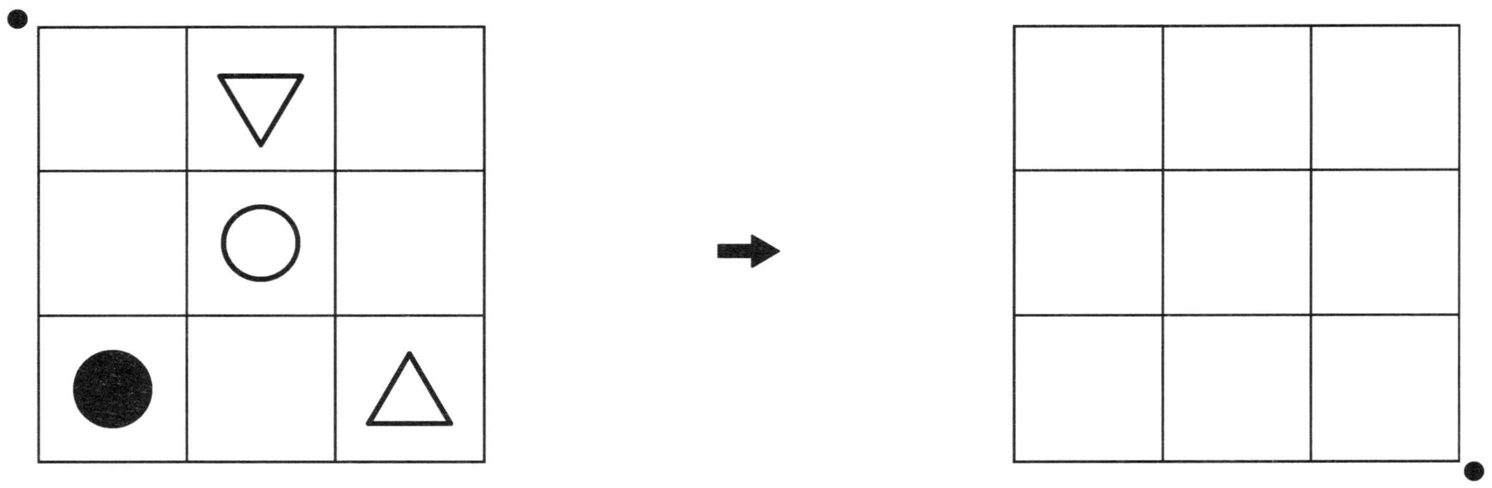

⑤

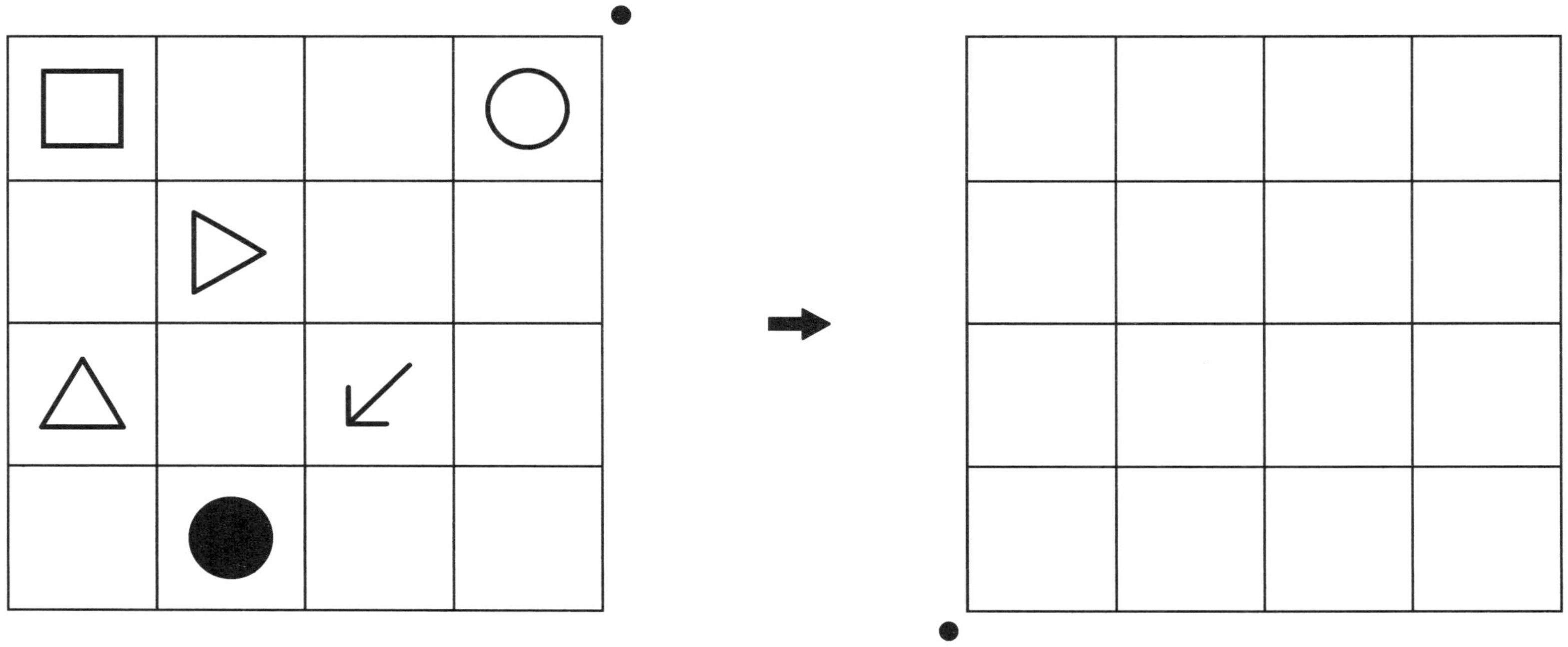

問題5－1

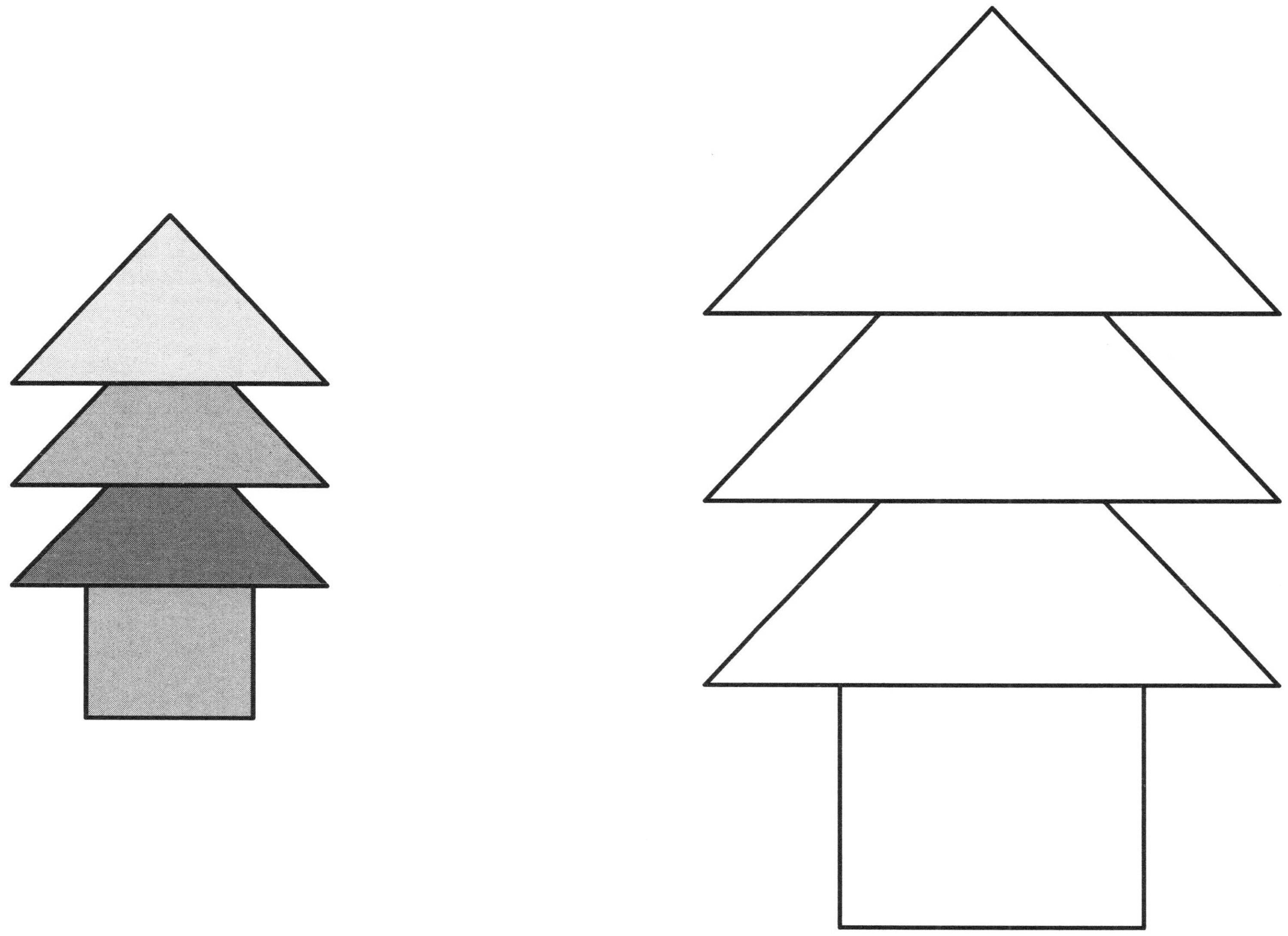

問題5－2

問題6－1

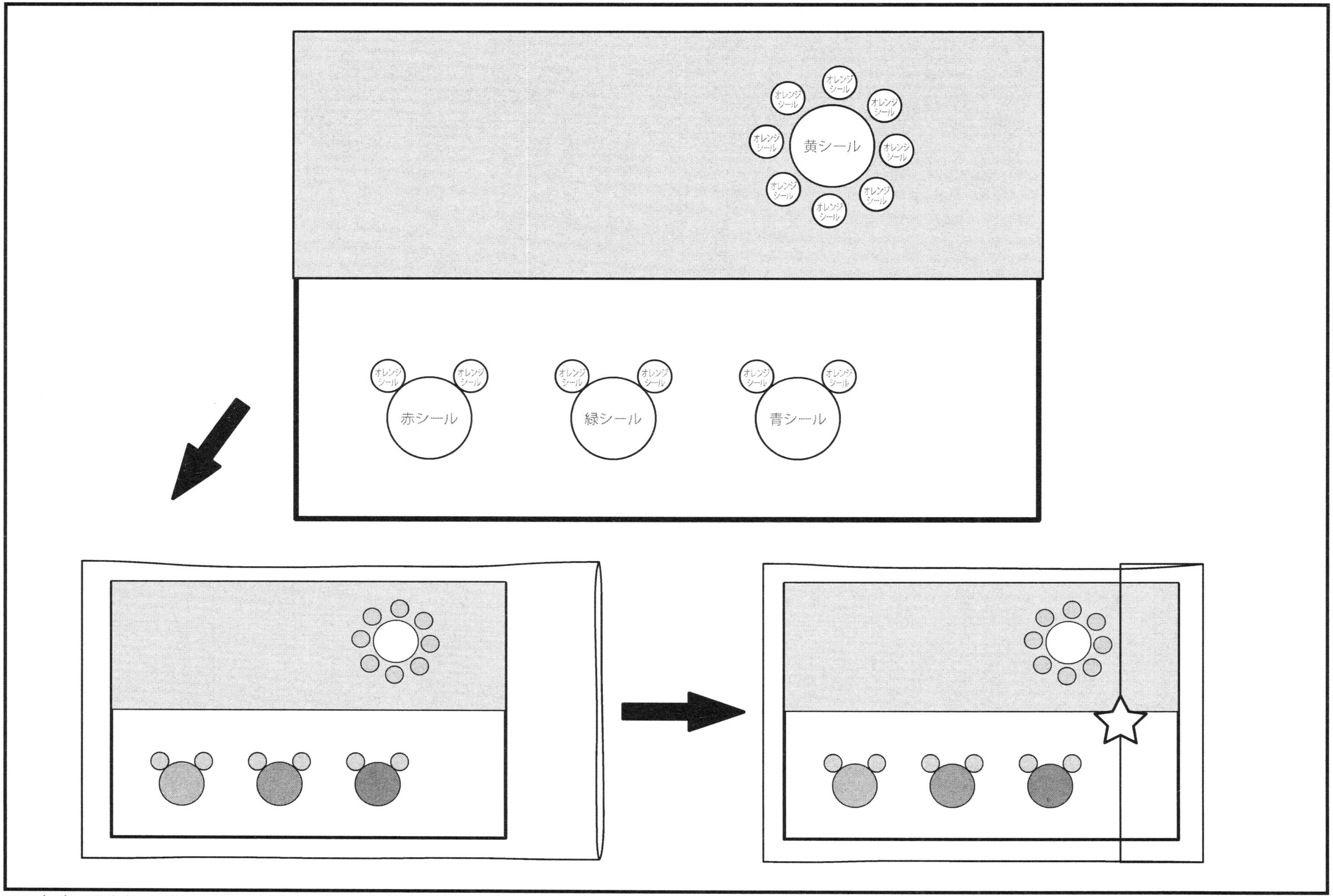

問題11

①

②

③

④

2024年度　日本女子大学附属豊明小学校　過去　無断複製／転載を禁ずる　日本学習図書株式会社

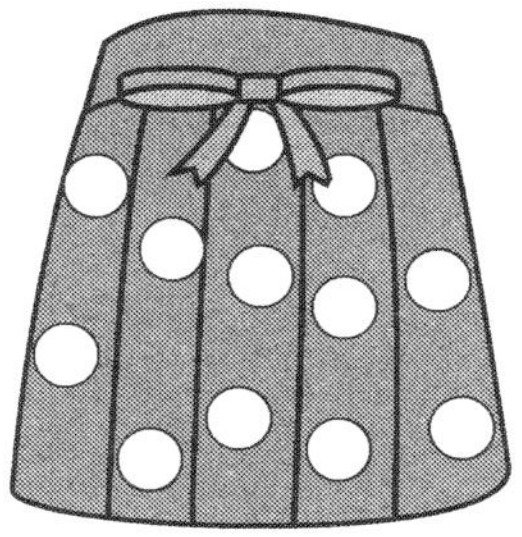

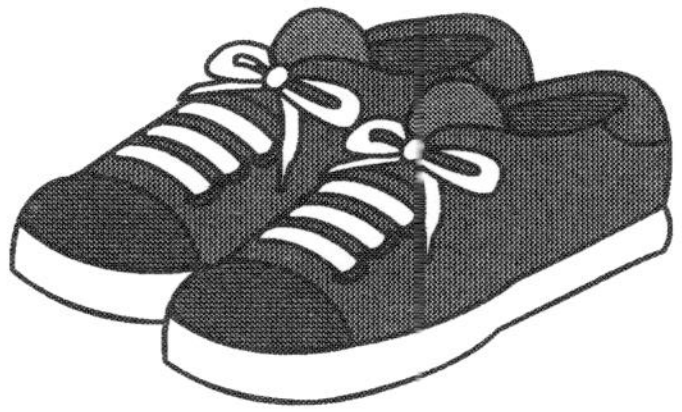

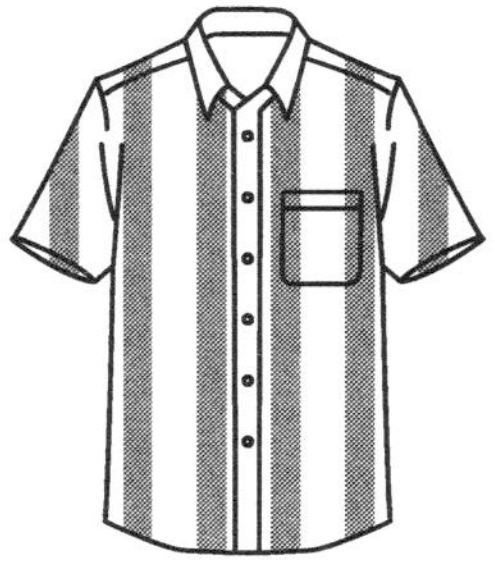

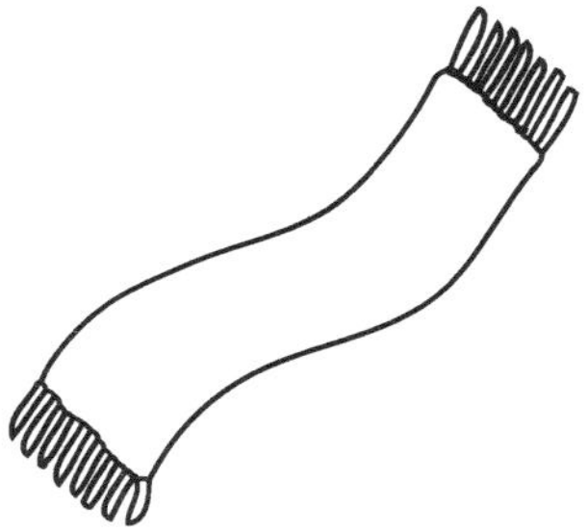

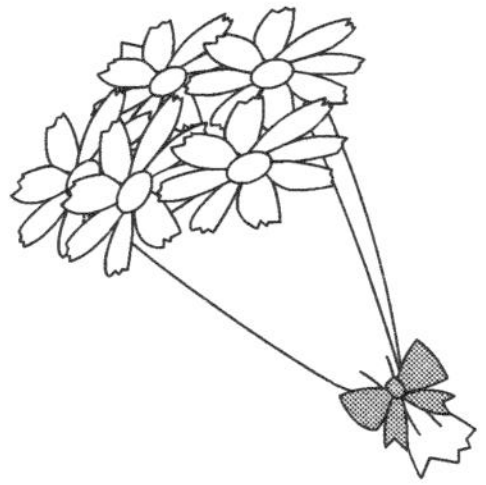

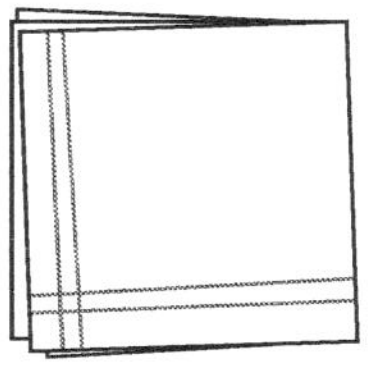

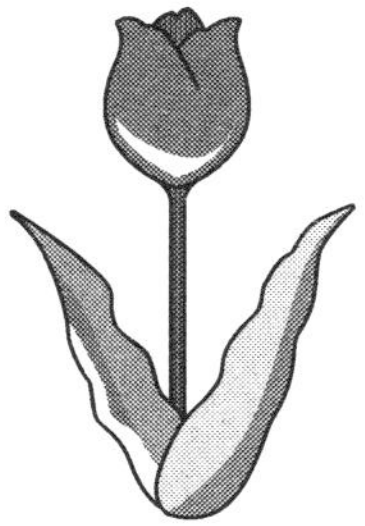

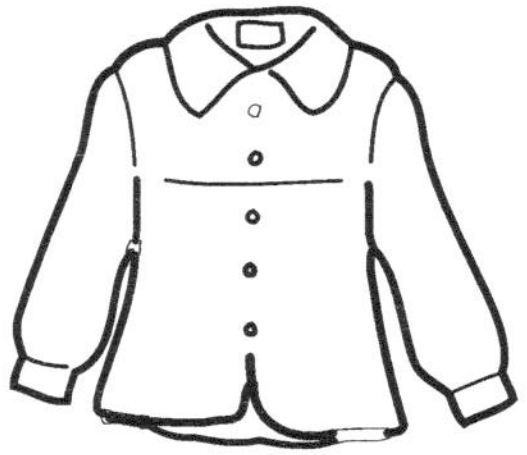

問題12

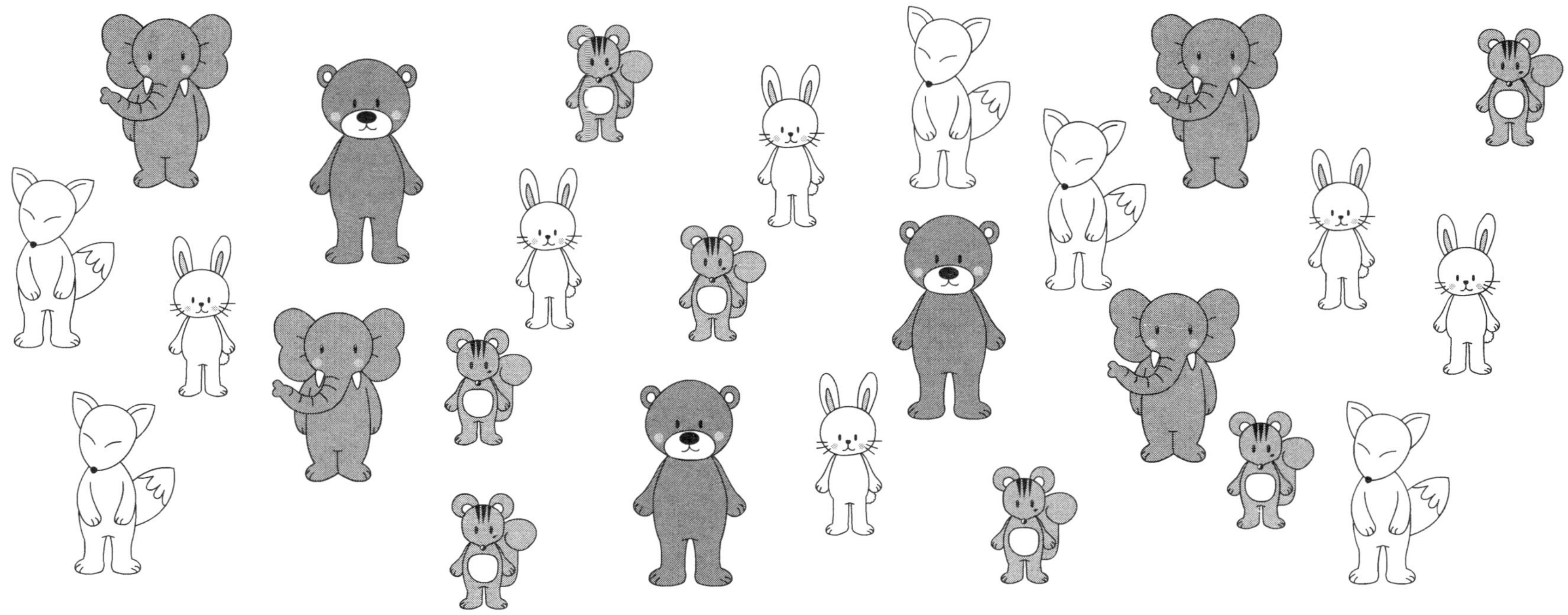

①

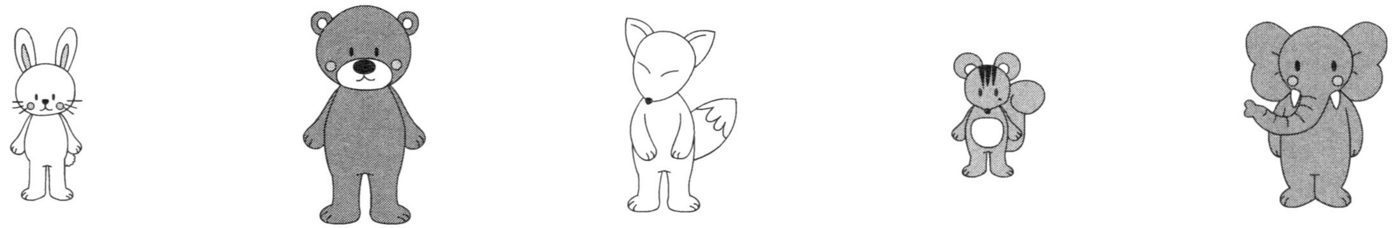

②

日本学習図書株式会社

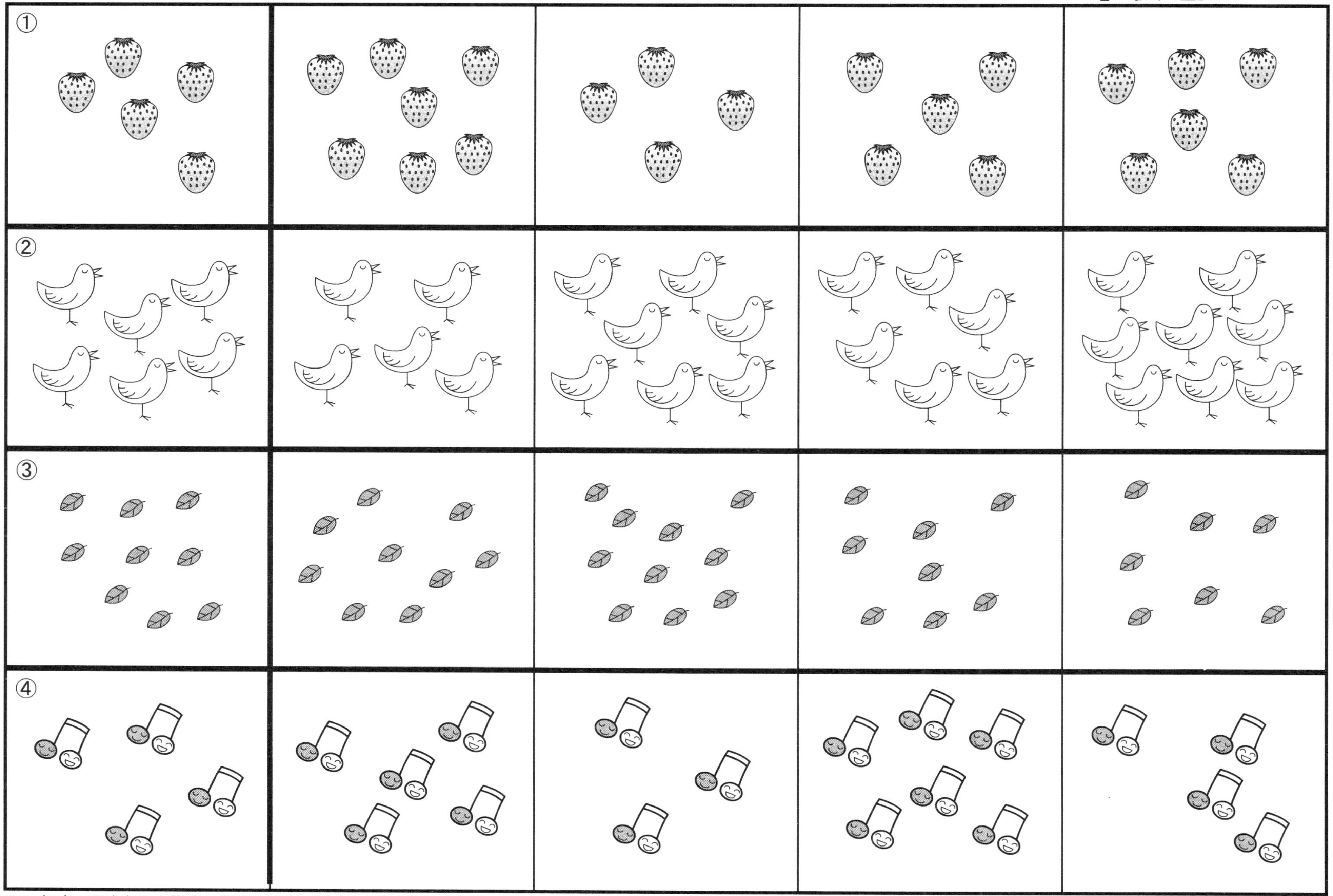

問題１４

①

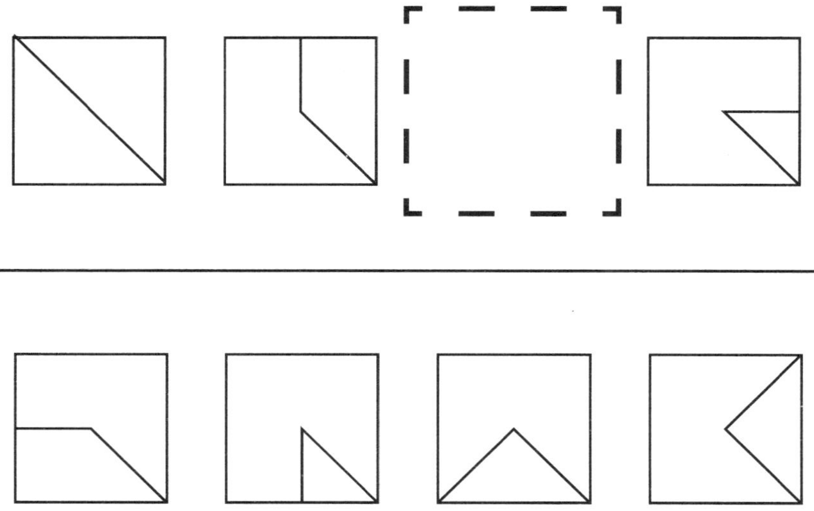

③

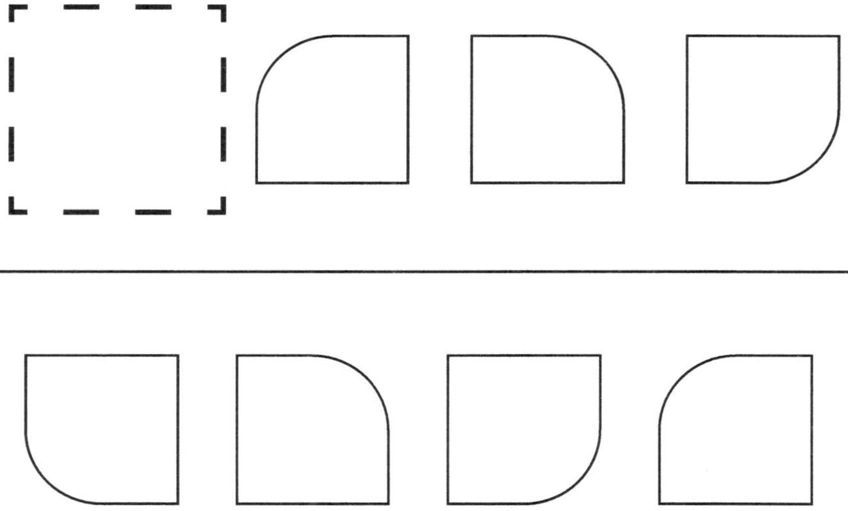

②

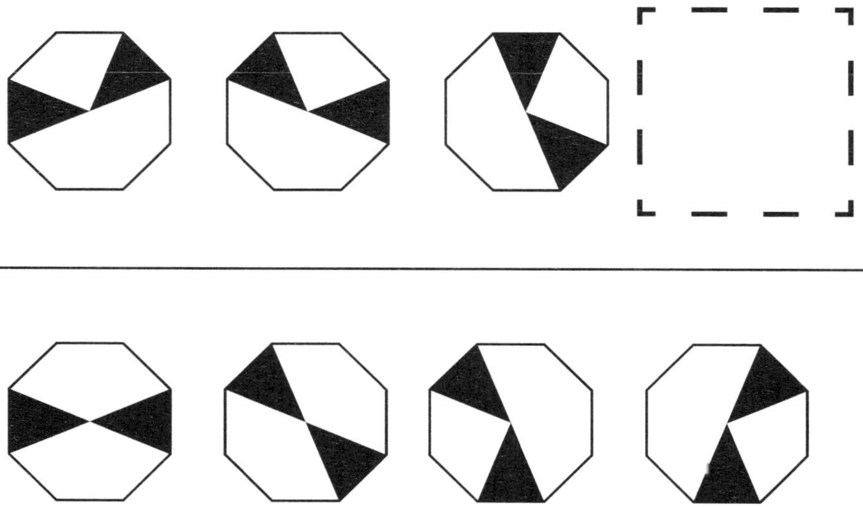

④

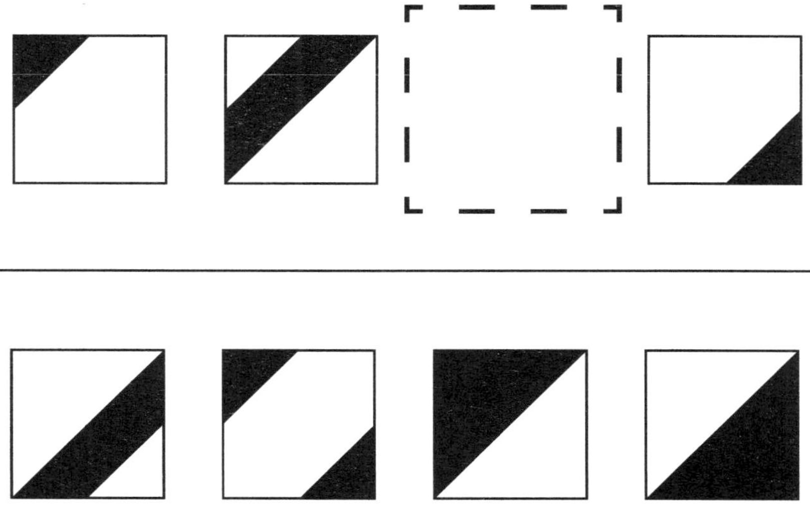

問題15－1

2024 年度　日本女子大学附属豊明小学校　過去　無断複製／転載を禁ずる　日本学習図書株式会社

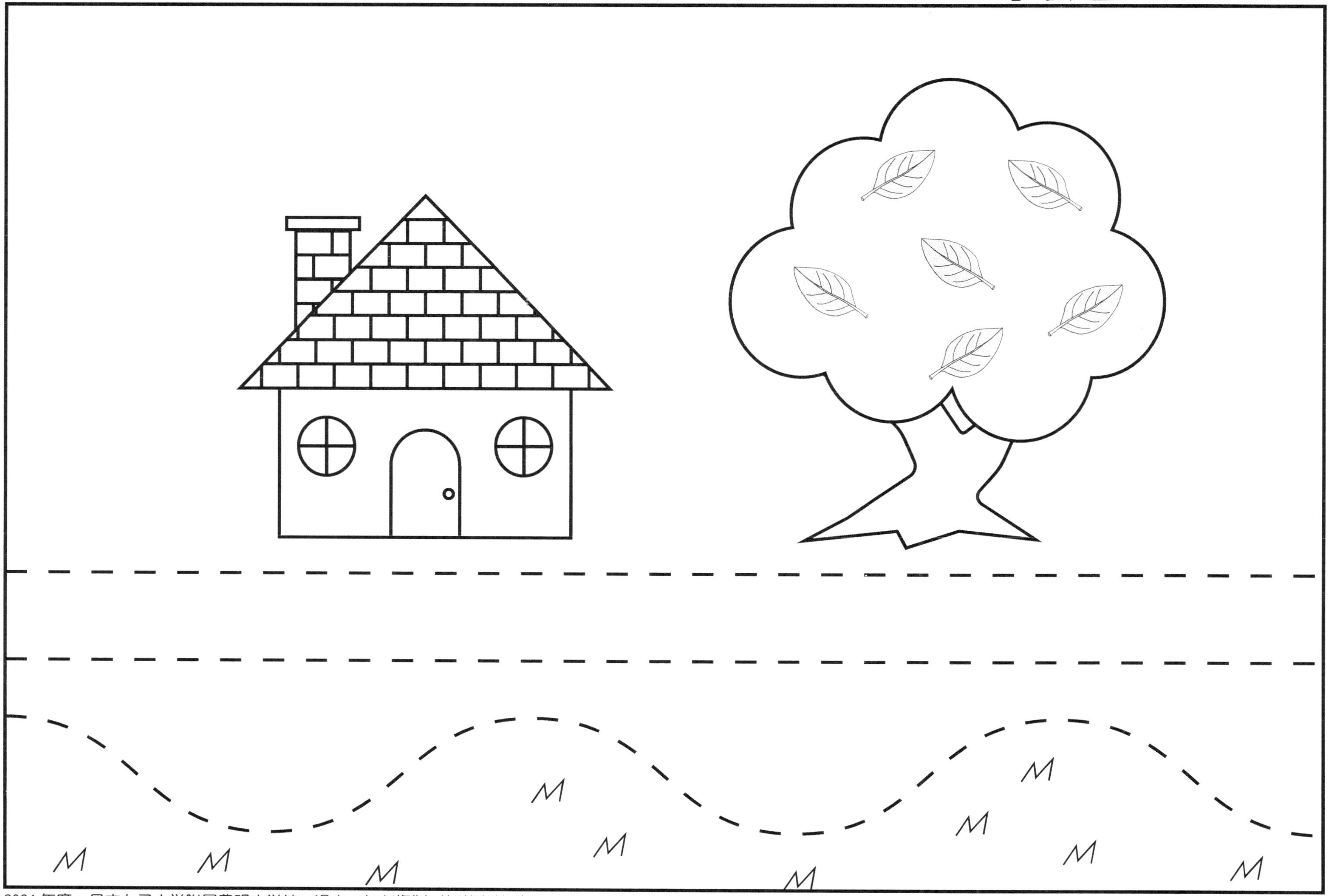

問題１８

問題１９

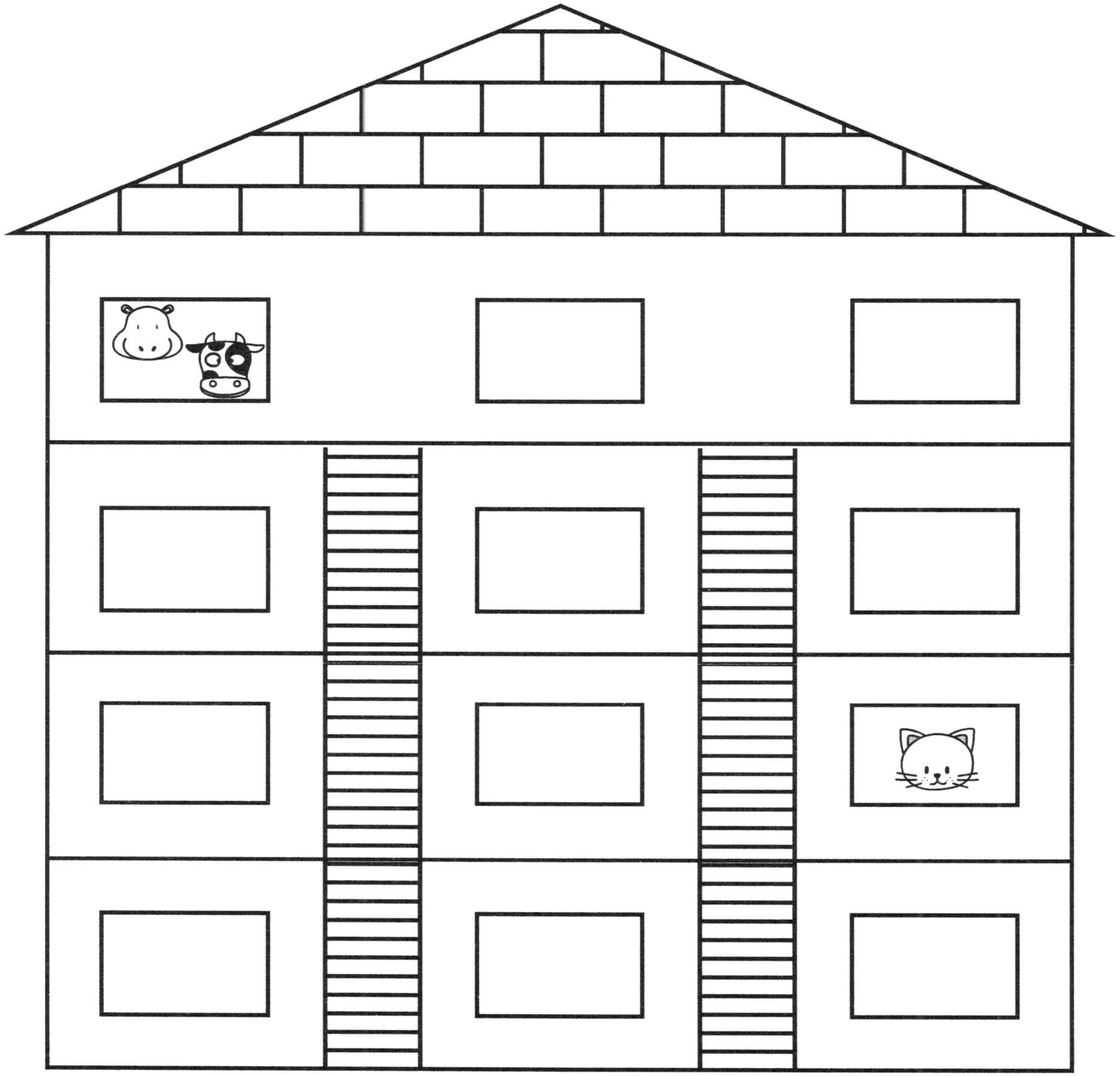

問題２０

①

②

③

2024年度　日本女子大学附属豊明小学校　過去　無断複製／転載を禁ずる　日本学習図書株式会社

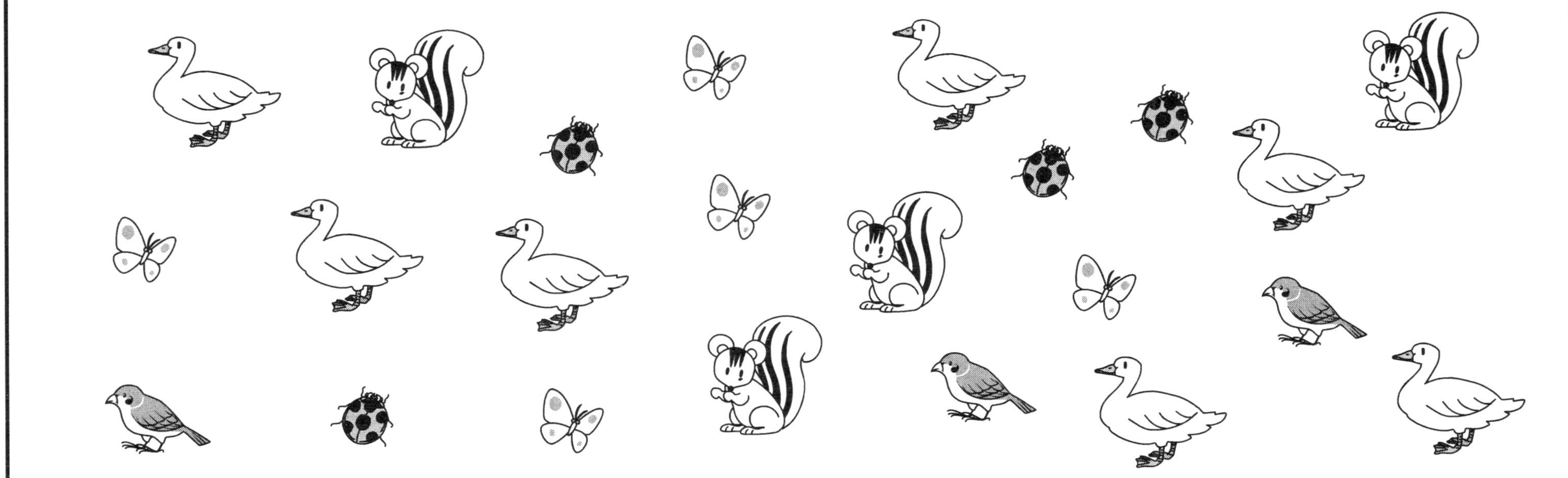

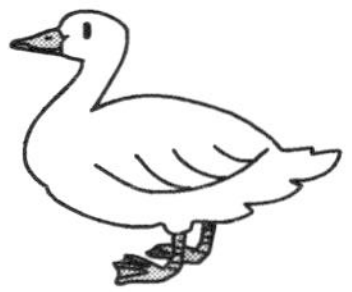

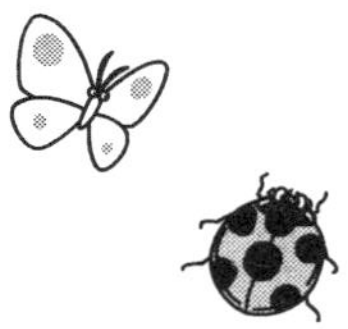

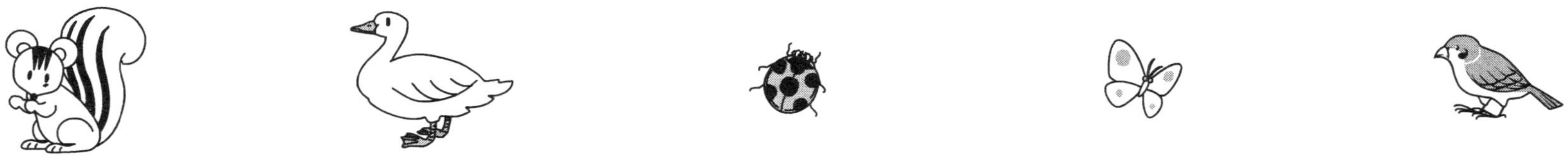

2024年度　日本女子大学附属豊明小学校　過去　無断複製／転載を禁ずる

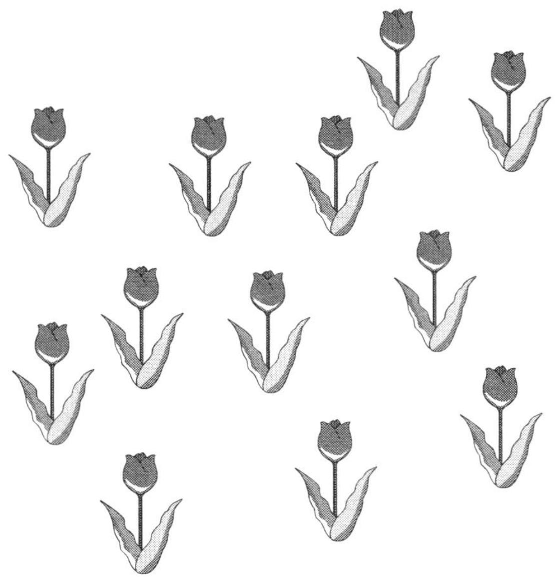

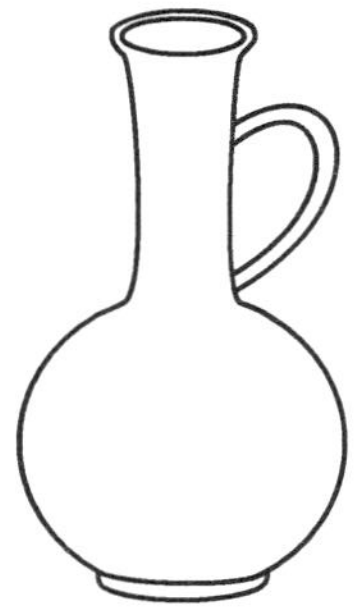

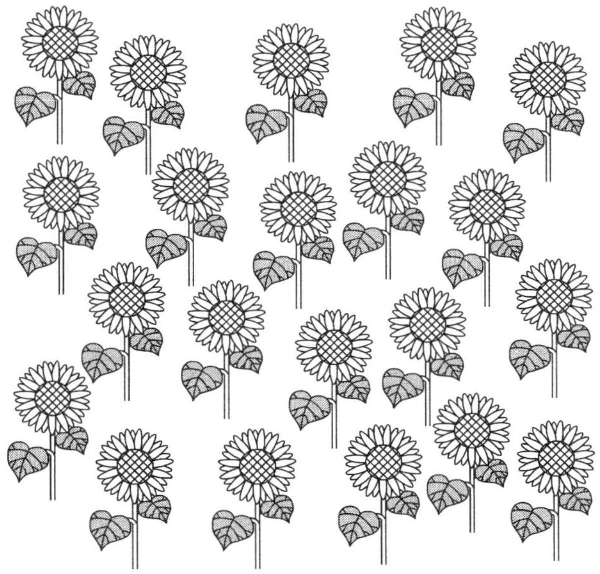

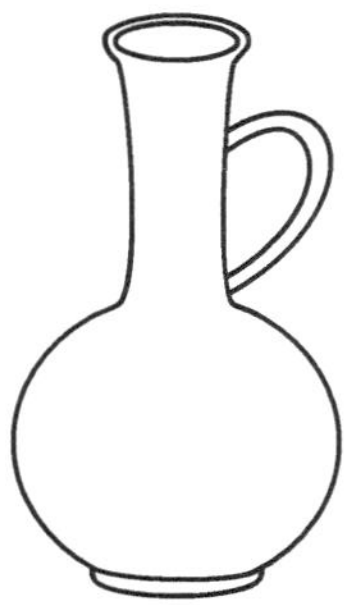

問題２３

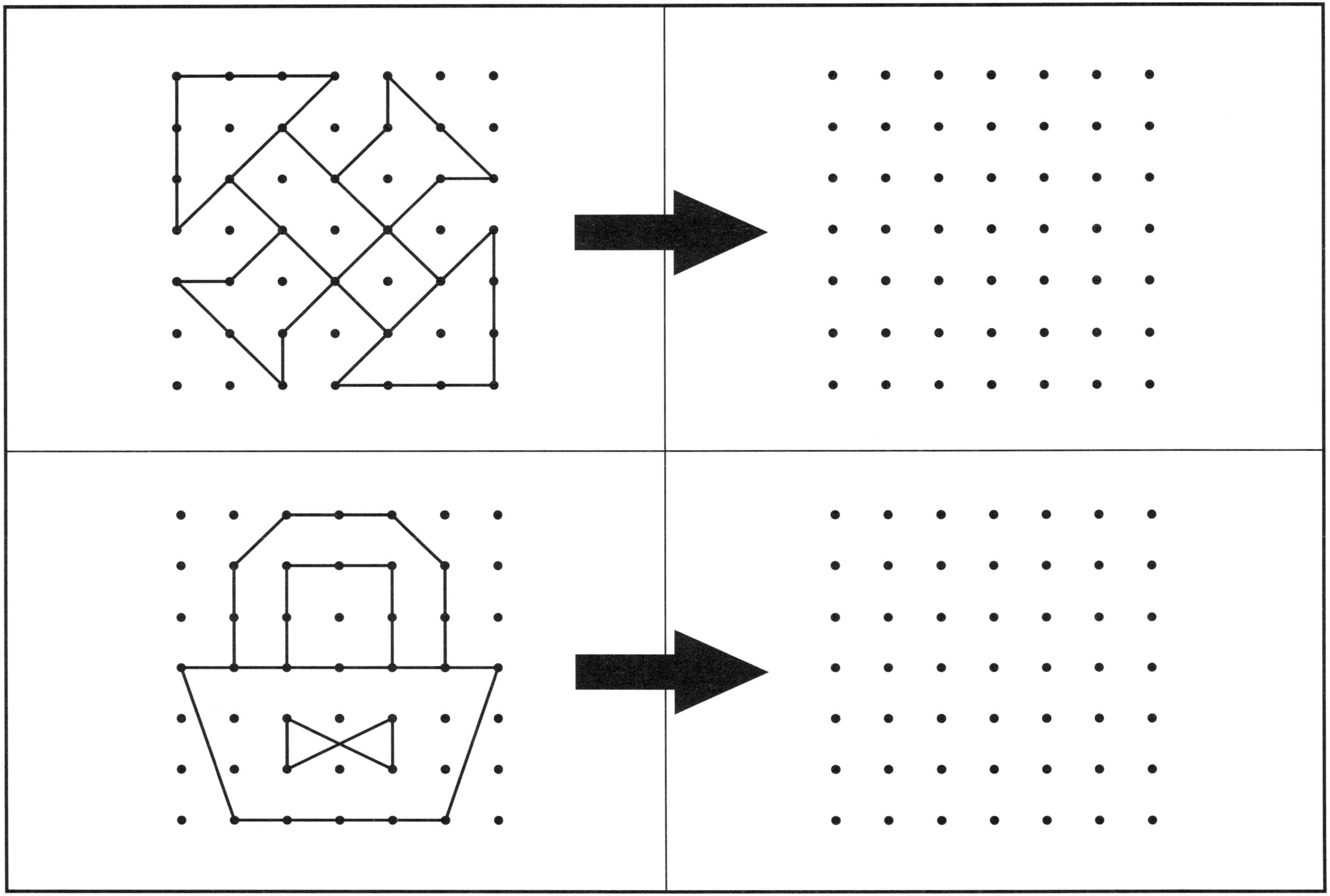

問題２４

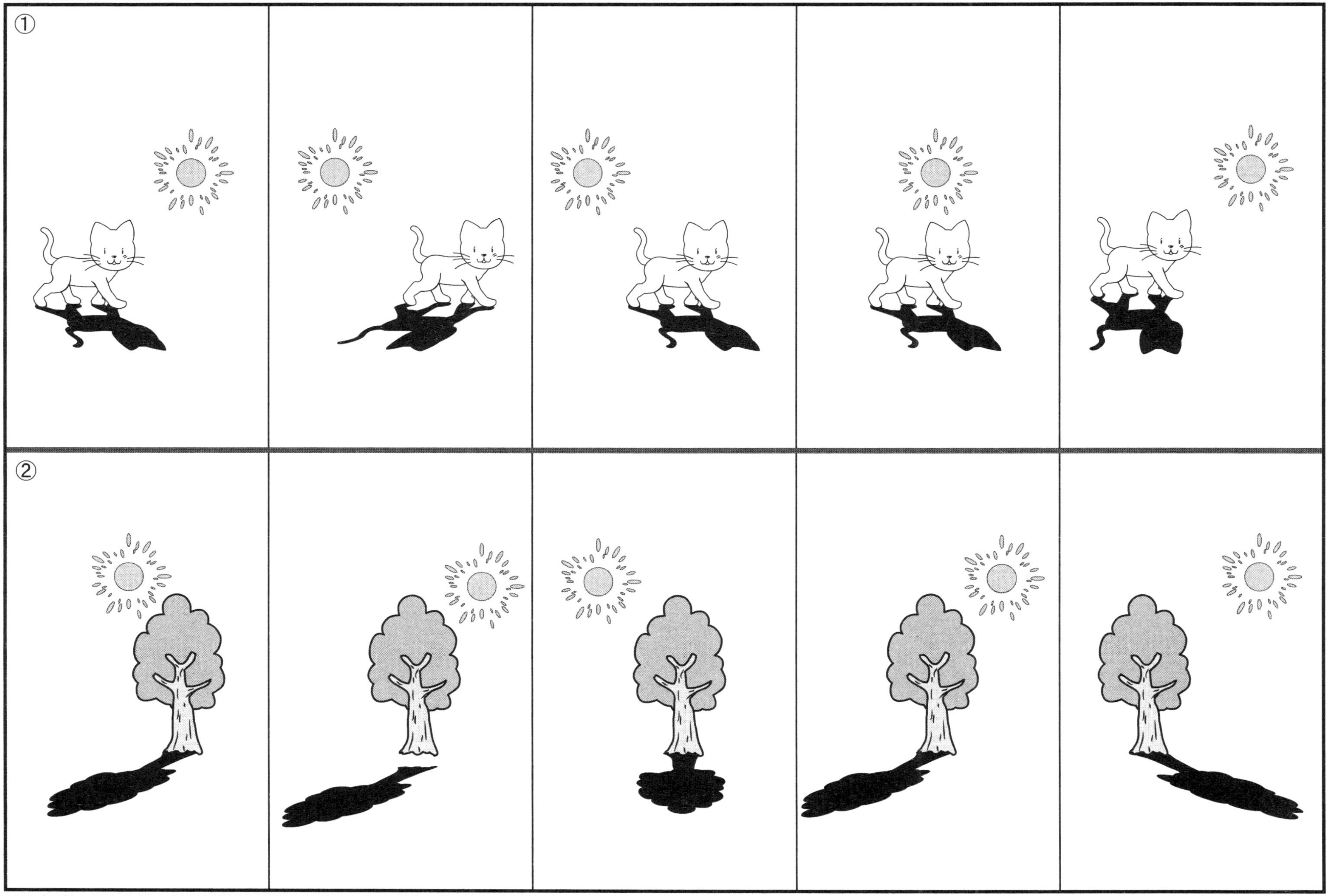

問題２５

①

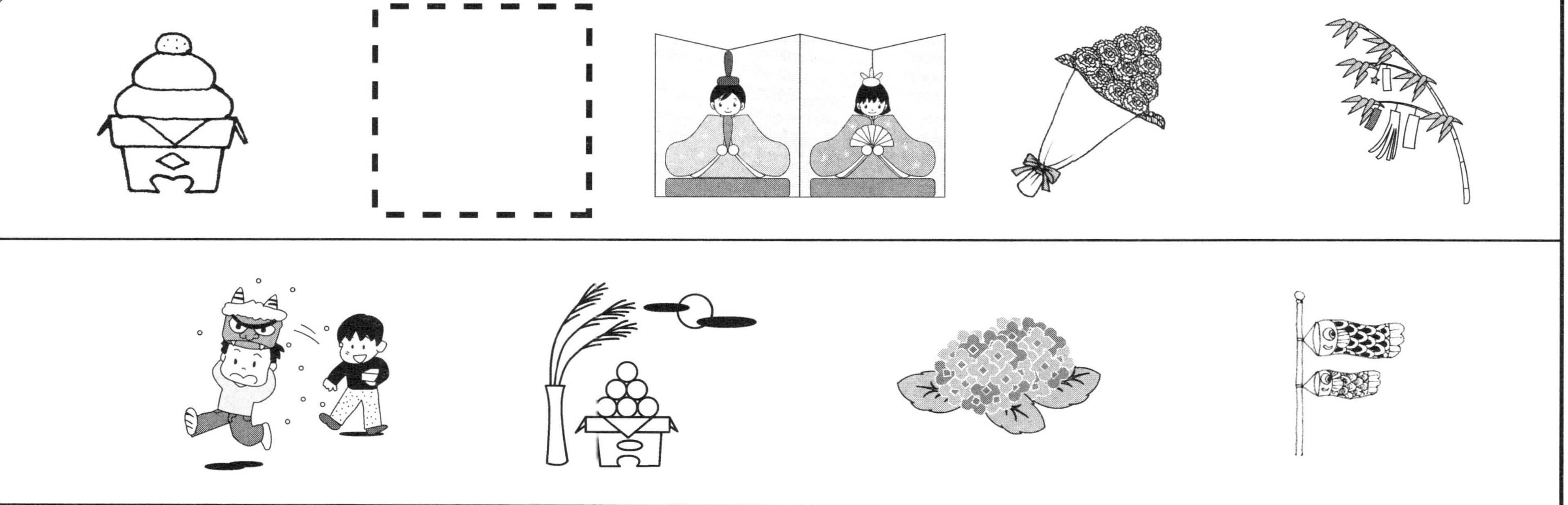

②

2024 年度　日本女子大学附属豊明小学校　過去　無断複製／転載を禁ずる　　　　　　　　　　　日本学習図書株式会社

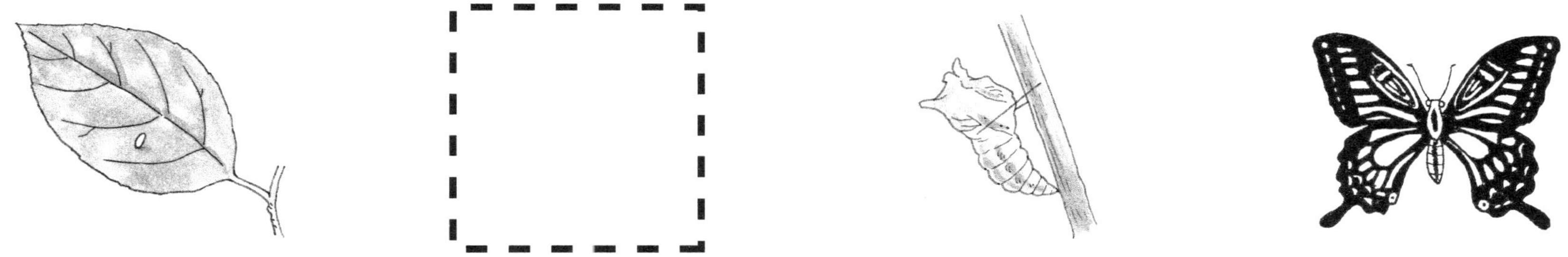

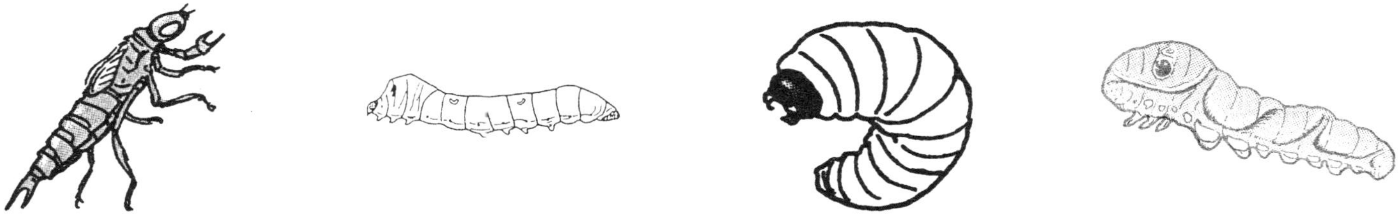

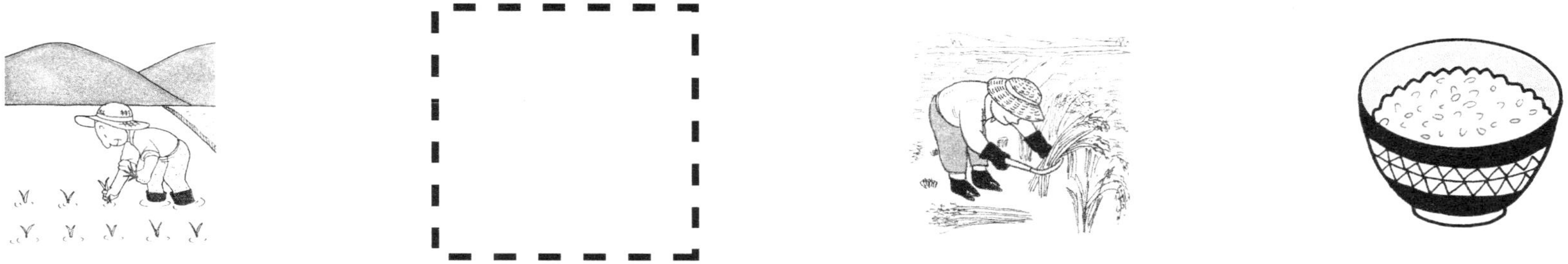

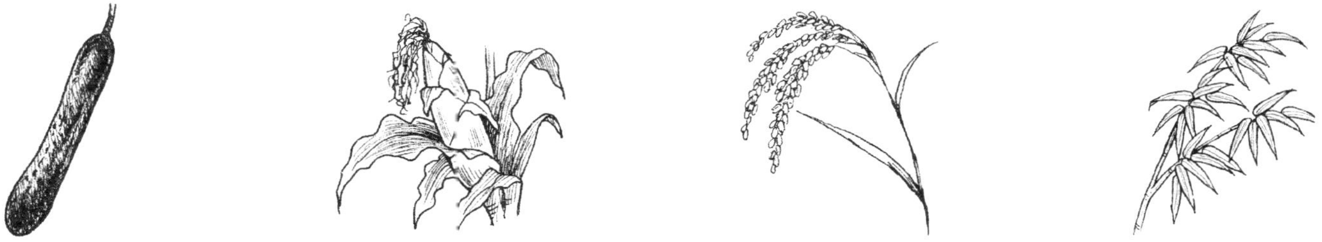

2024 年度　日本女子大学附属豊明小学校　過去　無断複製／転載を禁ずる　　　日本学習図書株式会社

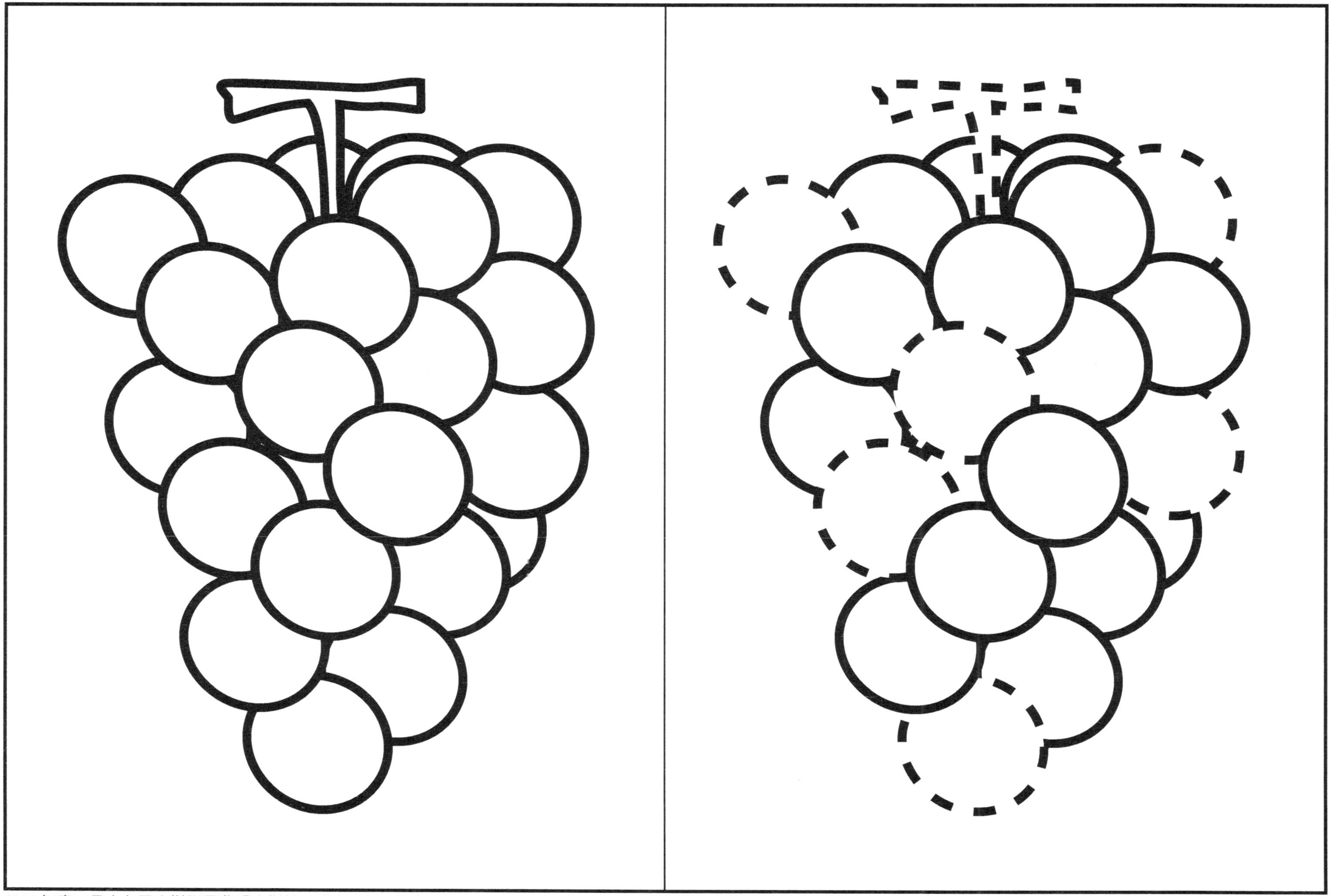

問題３１

①

②

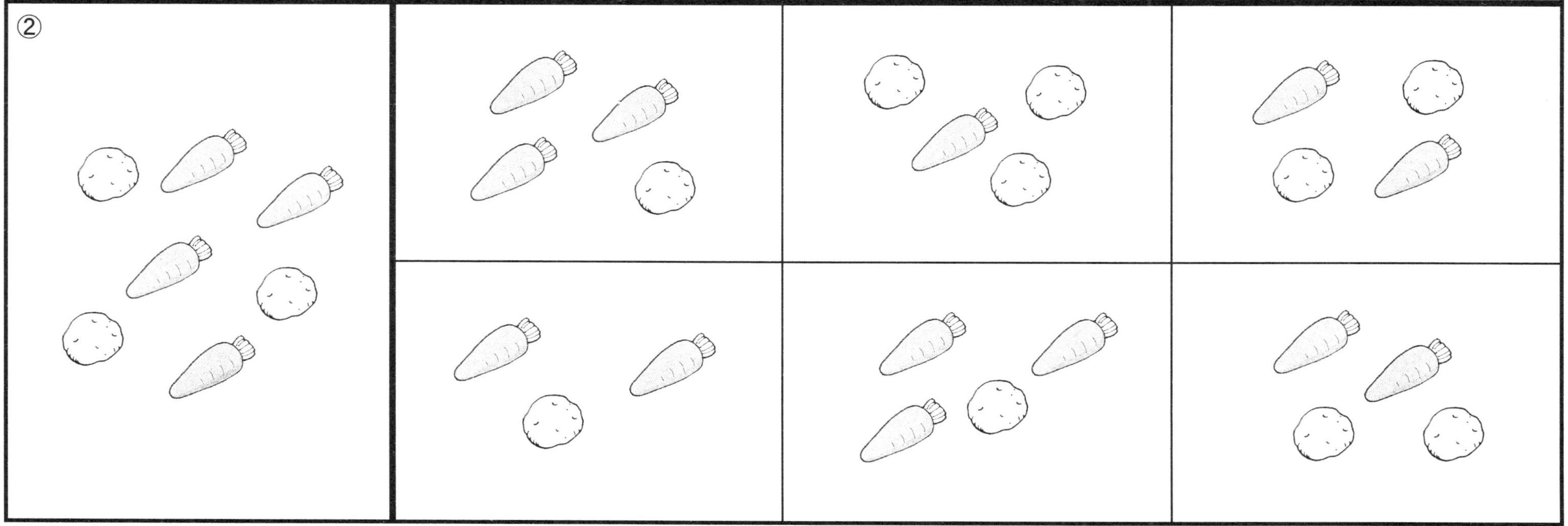

問題３２

①

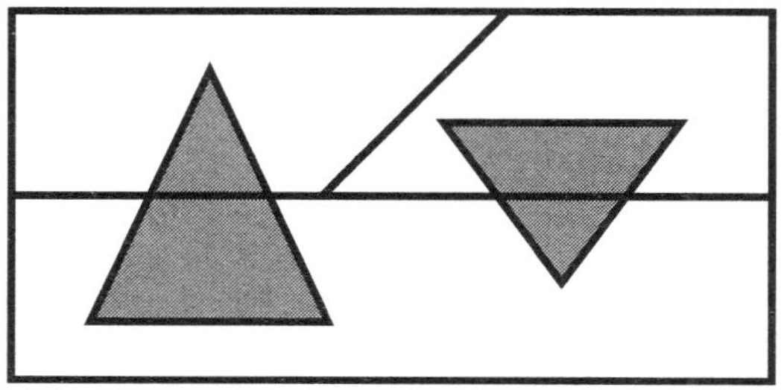

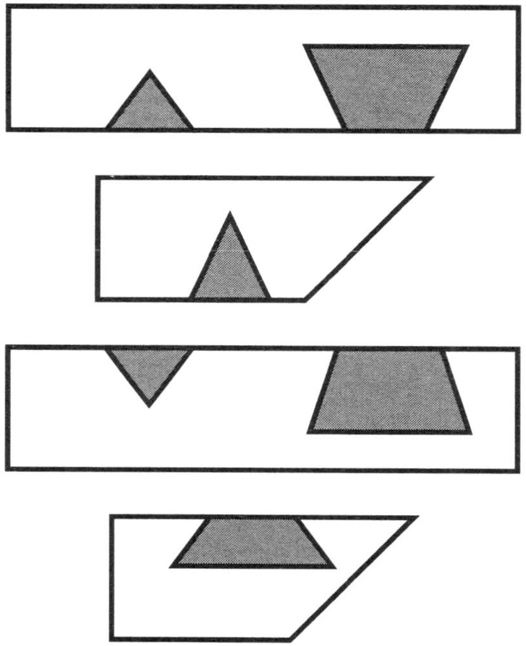

②

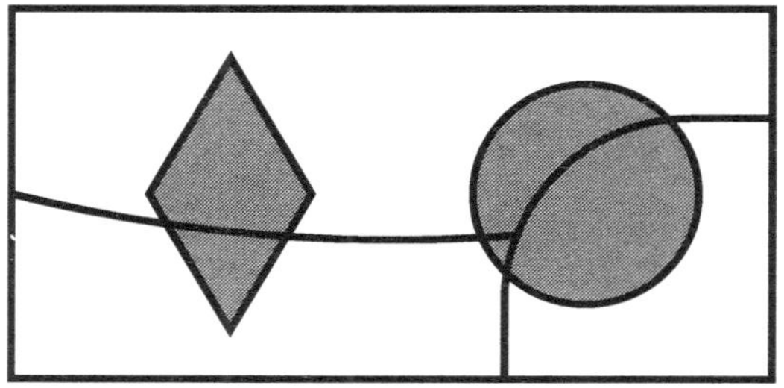

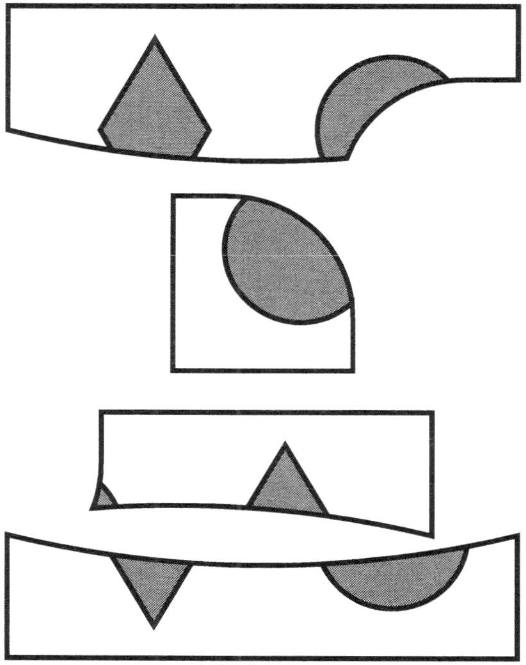

日本学習図書株式会社

2024 年度　日本女子大学附属豊明小学校　過去　無断複製／転載を禁ずる　　日本学習図書株式会社

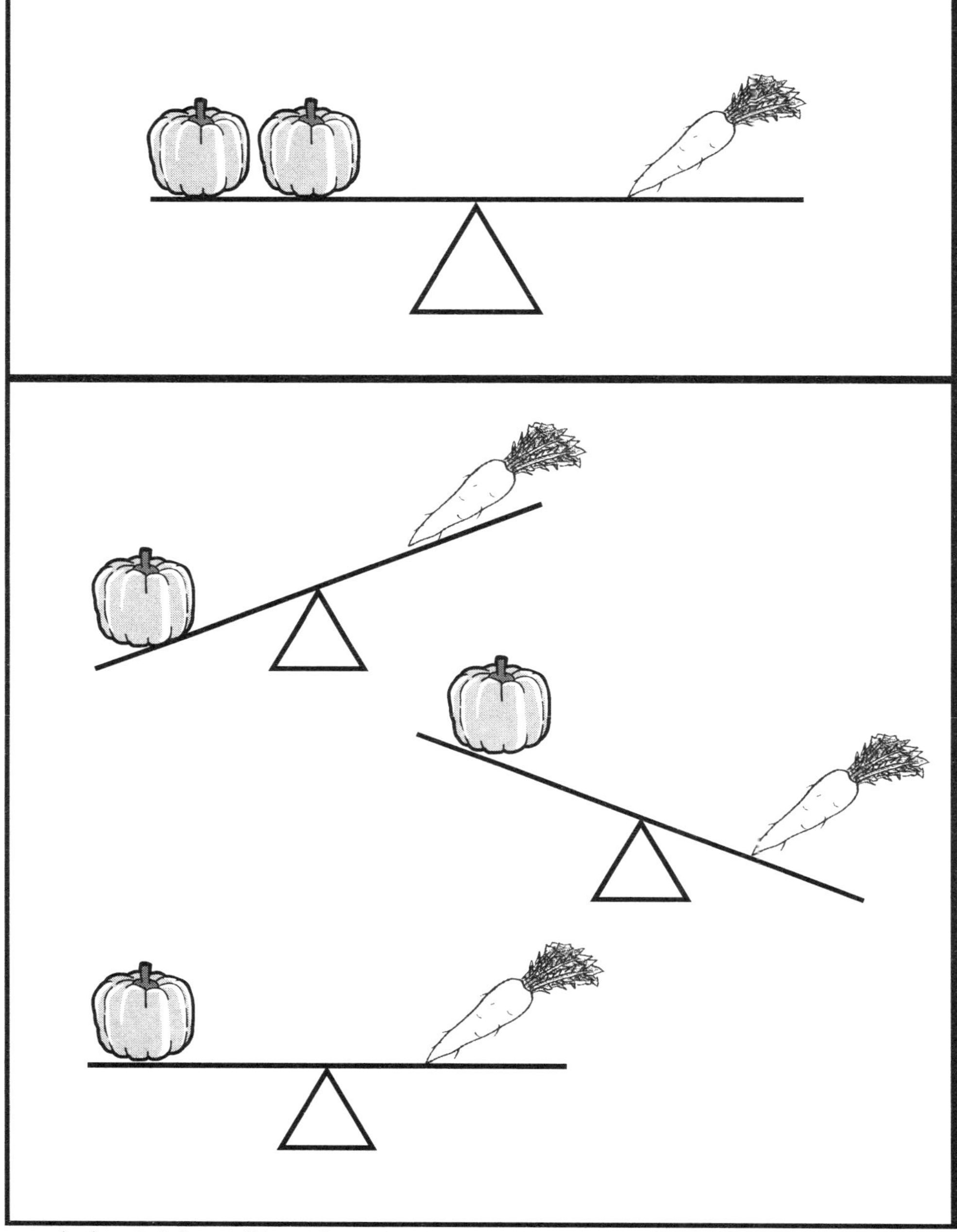

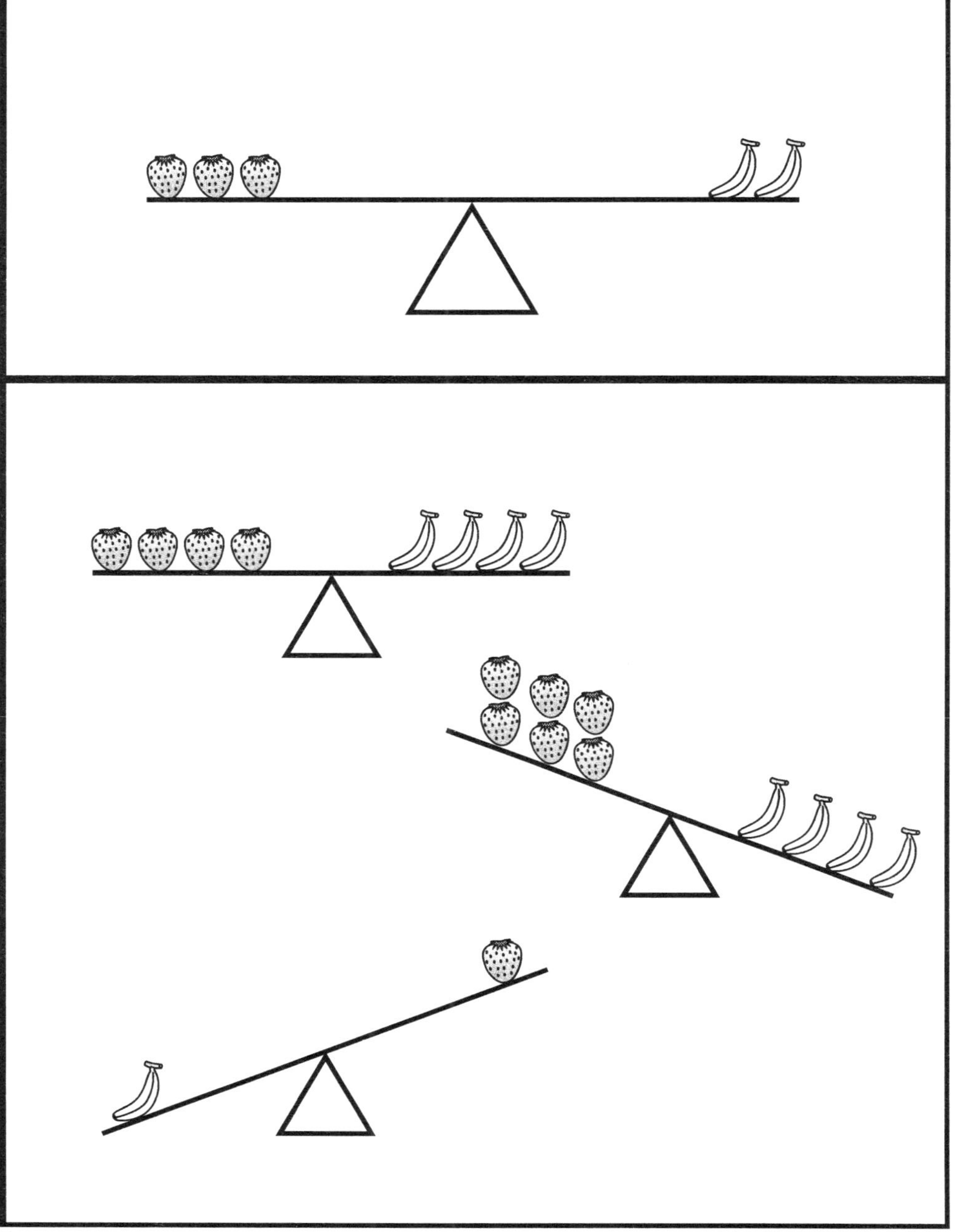

問題３４

日本学習図書株式会社

2024 年度　日本女子大学附属豊明小学校　過去　無断複製／転載を禁ずる

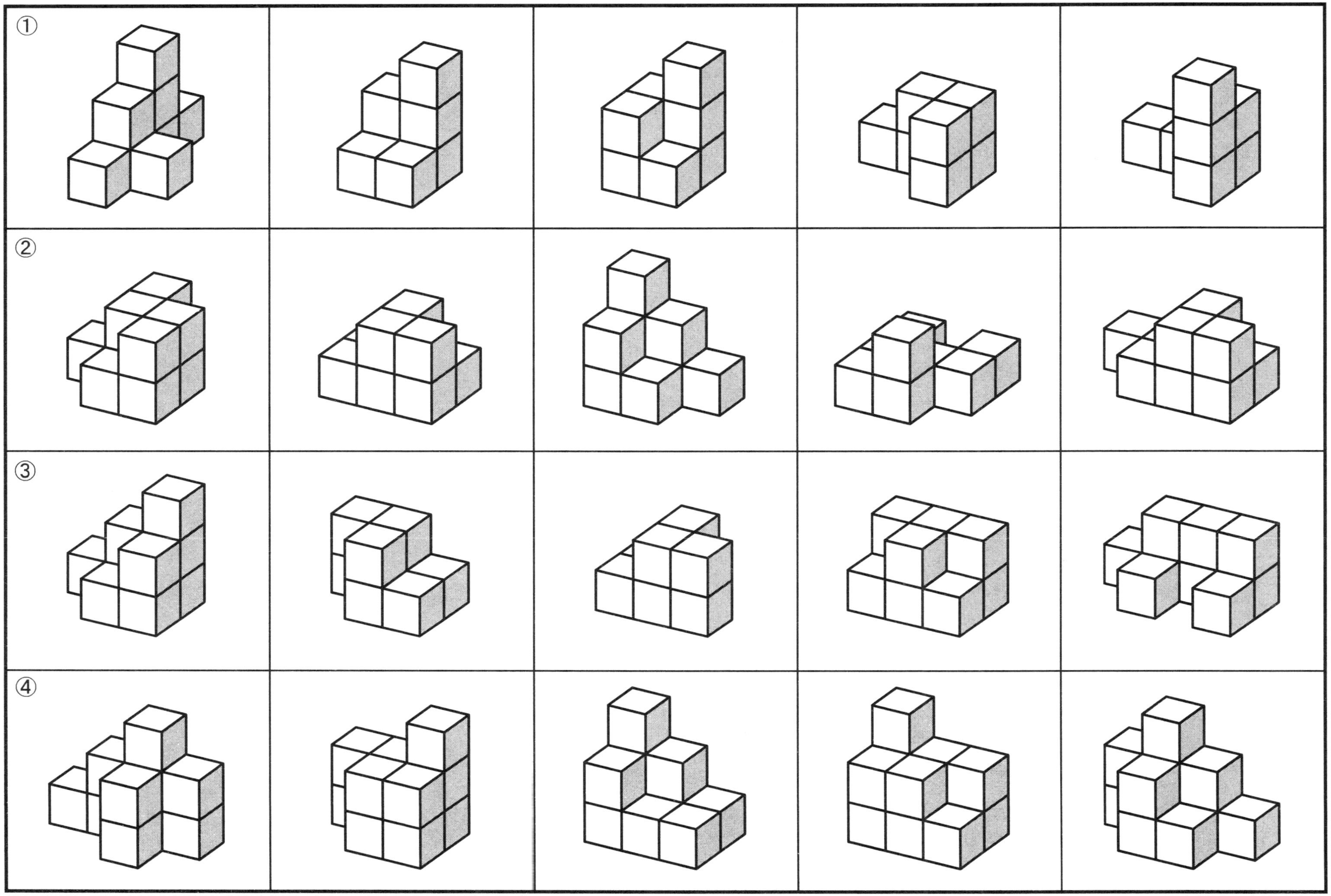

2024 年度　日本女子大学附属豊明小学校　過去　無断複製／転載を禁ずる　日本学習図書株式会社

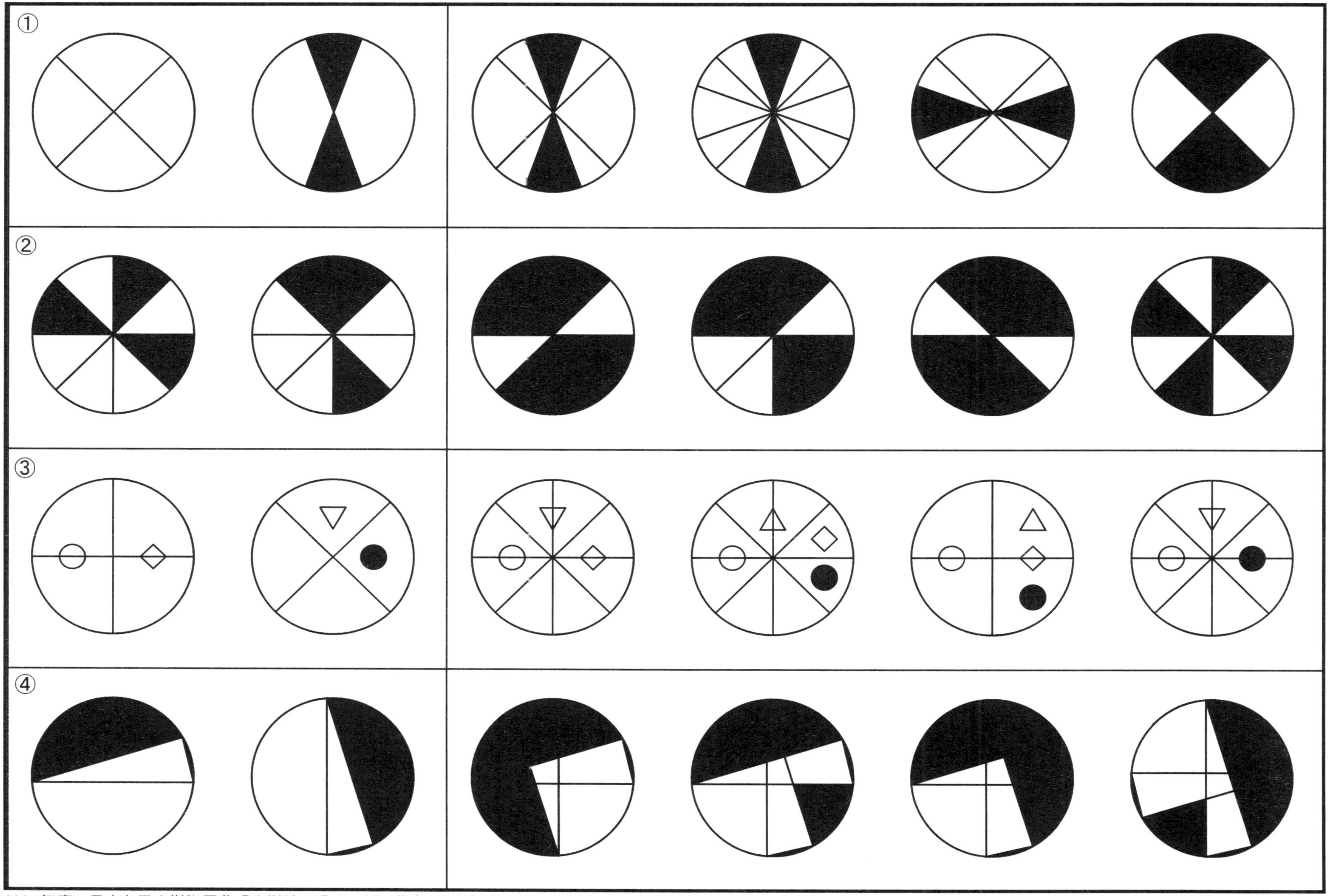

図書カード 1000 円分プレゼント

ご記入日 令和　　年　　月　　日

☆国・私立小学校受験アンケート☆

※可能な範囲でご記入下さい。選択肢は○で囲んで下さい。

〈小学校名〉＿＿＿＿＿＿＿＿＿＿＿＿　〈お子さまの性別〉男・女　〈誕生月〉＿＿月

〈その他の受験校〉（複数回答可）＿＿＿＿＿＿＿＿＿＿＿＿＿＿＿＿

〈受験日〉①：＿＿月＿＿日　〈時間〉＿＿時＿＿分　～　＿＿時＿＿分

②：＿＿月＿＿日　〈時間〉＿＿時＿＿分　～　＿＿時＿＿分

〈受験者数〉男女計＿＿名（男子＿＿名　女子＿＿名）

〈お子さまの服装〉＿＿＿＿＿＿＿＿＿＿＿＿＿＿＿＿

〈入試全体の流れ〉（記入例）準備体操→行動観察→ペーパーテスト

＿＿＿＿＿＿＿＿＿＿＿＿＿＿＿＿＿＿＿＿＿＿＿＿

Eメールによる情報提供

日本学習図書では、Eメールでも入試情報を募集しております。

下記のアドレスに、アンケートの内容をご入力の上、メールをお送り下さい。

ojuken@nichigaku.jp

●行動観察　（例）好きなおもちゃで遊ぶ・グループで協力するゲームなど

〈実施日〉＿＿月＿＿日　〈時間〉＿＿時＿＿分　～　＿＿時＿＿分　〈着替え〉□有　□無

〈出題方法〉□肉声　□録音　□その他（　　　　　）　〈お手本〉□有　□無

〈試験形態〉□個別　□集団（　　人程度）

〈会場図〉

〈内容〉

□自由遊び

＿＿＿＿＿＿＿＿＿＿＿＿＿＿＿＿＿＿＿＿

□グループ活動

＿＿＿＿＿＿＿＿＿＿＿＿＿＿＿＿＿＿＿＿

□その他

＿＿＿＿＿＿＿＿＿＿＿＿＿＿＿＿＿＿＿＿

●運動テスト（有・無）　（例）跳び箱・チームでの競争など

〈実施日〉＿＿月＿＿日　〈時間〉＿＿時＿＿分　～　＿＿時＿＿分　〈着替え〉□有　□無

〈出題方法〉□肉声　□録音　□その他（　　　　　）　〈お手本〉□有　□無

〈試験形態〉□個別　□集団（　　人程度）

〈会場図〉

〈内容〉

□サーキット運動

□走り　□跳び箱　□平均台　□ゴム跳び

□マット運動　□ボール運動　□なわ跳び

□クマ歩き

□グループ活動＿＿＿＿＿＿＿＿＿＿＿＿＿＿

□その他＿＿＿＿＿＿＿＿＿＿＿＿＿＿＿＿

●知能テスト・口頭試問

〈実施日〉＿＿＿月＿＿＿日　〈時間〉＿＿＿時＿＿＿分　～　＿＿＿時＿＿＿分　〈お手本〉□有　□無

〈出題方法〉□肉声　□録音　□その他（　　　　　　）〈問題数〉＿＿＿枚　＿＿＿問

分野	方法	内　　　容	詳　細・イ　ラ　ス　ト
（例） お話の記憶	☑筆記 □口頭	動物たちが待ち合わせをする話	（あらすじ） 動物たちが待ち合わせをした。最初にウサギさんが来た。次にイヌくんが、その次にネコさんが来た。最後にタヌキくんが来た。 （問題・イラスト） ３番目に来た動物は誰か 
お話の記憶	□筆記 □口頭		（あらすじ） （問題・イラスト）
図形	□筆記 □口頭		
言語	□筆記 □口頭		
常識	□筆記 □口頭		
数量	□筆記 □口頭		
推理	□筆記 □口頭		
その他	□筆記 □口頭		

●制作　（例）ぬり絵・お絵かき・工作遊びなど

〈実施日〉＿＿月＿＿日〈時間〉＿＿時＿＿分＿＿～＿＿時＿＿分

〈出題方法〉□肉声 □録音 □その他（　　　　　）〈お手本〉□有 □無

〈試験形態〉□個別 □集団（　　　人程度）

材料・道具	制作内容
□ハサミ □のり（□つぼ □液体 □スティック） □セロハンテープ □鉛筆 □クレヨン（　色） □クーピーペン（　色） □サインペン（　色）□ □画用紙（□ A4 □ B4 □ A3 □その他：　　　　） □折り紙 □新聞紙 □粘土 □その他（　　　　）	□切る □貼る □塗る □ちぎる □結ぶ □描く □その他（　　　　） タイトル：＿＿＿＿＿＿＿＿＿＿

●面接

〈実施日〉＿＿月＿＿日〈時間〉＿＿時＿＿分＿＿～＿＿時＿＿分〈面接担当者〉＿＿名

〈試験形態〉□志願者のみ（　　）名 □保護者のみ □親子同時 □親子別々

〈質問内容〉

※試験会場の様子をご記入下さい。

□志望動機　□お子さまの様子

□家庭の教育方針

□志望校についての知識・理解

□その他（　　　　　　　　　　）

（詳　細）

・

・

・

・

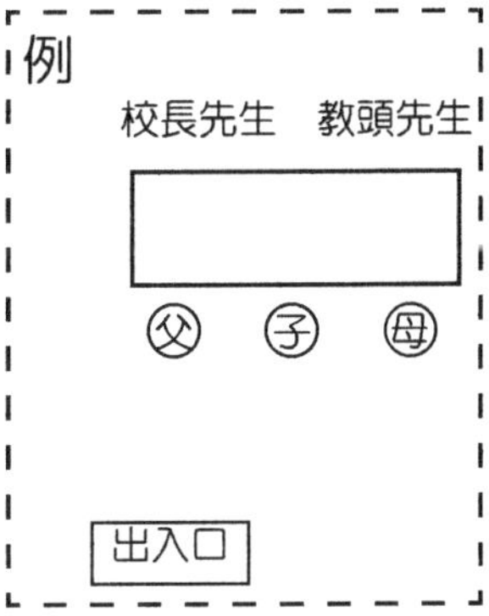

●保護者作文・アンケートの提出（有・無）

〈提出日〉□面接直前 □出願時 □志願者考査中 □その他（　　　　　　）

〈下書き〉□有 □無

〈アンケート内容〉

（記入例）当校を志望した理由はなんですか（150 字）

●説明会（□有　□無）〈開催日〉　　月　　日〈時間〉　　時　　分　〜　　時　　分

〈上履き〉　□要　□不要　〈願書配布〉　□有　□無　〈校舎見学〉　□有　□無

〈ご感想〉

●参加された学校行事（複数回答可）

公開授業〈開催日〉　　月　　日〈時間〉　　時　　分　〜　　時　　分

運動会など〈開催日〉　　月　　日〈時間〉　　時　　分　〜　　時　　分

学習発表会・音楽会など〈開催日〉　　月　　日〈時間〉　　時　　分　〜　　時　　分

〈ご感想〉

※是非参加したほうがよいと感じた行事について

●受験を終えてのご感想、今後受験される方へのアドバイス

※対策学習（重点的に学習しておいた方がよい分野）、当日準備しておいたほうがよい物など

＊＊＊＊＊＊＊＊＊＊＊＊＊　ご記入ありがとうございました　＊＊＊＊＊＊＊＊＊＊＊＊＊

必要事項をご記入の上、ポストにご投函ください。

なお、本アンケートの送付期限は入試終了後３ヶ月とさせていただきます。また、入試に関する情報の記入量が当社の基準に満たない場合、謝礼の送付ができないことがございます。あらかじめご了承ください。

ご住所：〒

お名前：　　　　　　　　メール：

ＴＥＬ：　　　　　　　　ＦＡＸ：

ご記入頂いた個人に関する情報は、当社にて厳重に管理致します。弊社の個人情報取り扱いに関する詳細は、www.nichigaku.jp/policy.php の「個人情報の取り扱い」をご覧下さい。

分野別 小学入試練習帳 ジュニアウォッチャー

1．点・線図形	小学校入試で出題頻度の高い『点・線図形』の模写を、難易度の低いものから段階別に幅広く練習することができるように構成。
2．座標	図形の位置模写という作業を、難易度の低いものから段階別に練習できるように構成。
3．パズル	様々なパズルの問題を難易度の低いものから段階別に練習できるように構成。
4．同図形探し	小学校入試で出題頻度の高い、同図形選びの問題を繰り返し練習できるように構成。
5．回転・展開	図形などを回転、または展開したとき、形がどのように変化するかを学習し、理解を深められるように構成。
6．系列	数、図形などの様々な系列問題を、難易度の低いものから段階別に練習できるように構成。
7．迷路	迷路の問題を繰り返し練習できるように構成。
8．対称	対称に関する問題を４つのテーマに分類し、各テーマごとに問題を段階別に練習できるように構成。
9．合成	図形の合成に関する問題を、難易度の低いものから段階別に練習できるように構成。
10. 四方からの観察	もの（立体）を様々な角度から見て、どのように見えるかを推理する問題を段階別に整理し、１つの形式で複数の問題を練習できるように構成。
11. いろいろな仲間	ものや動物、植物の共通点を見つけ、分類していく問題を中心に構成。
12. 日常生活	日常生活における様々な問題を６つのテーマに分類し、各テーマごとに一つの問題形式で複数の問題を練習できるように構成。
13. 時間の流れ	『時間』に着目し、様々なものごとは、時間が経過するとどのように変化するのかということを学習し、理解できるように構成。
14. 数える	様々なものを『数える』ことから、数の多少の判定やかけ算、わり算の基礎までを練習できるように構成。
15. 比較	比較に関する問題を５つのテーマ（数、高さ、長さ、量、重さ）に分類し、各テーマごとに問題を段階別に練習できるように構成。
16. 積み木	数える対象を積み木に限定した問題集。
17. 言葉の音遊び	言葉の音に関する問題を５つのテーマに分類し、各テーマごとに問題を段階別に練習できるように構成。
18. いろいろな言葉	表現力をより豊かにするいろいろな言葉として、擬態語や擬声語、同音異義語、反意語、数詞を取り上げた問題集。
19. お話の記憶	お話を聴いてその内容を記憶、理解し、設問に答える形式の問題集。
20. 見る記憶・聴く記憶	「見て憶える」「聴いて憶える」という『記憶』分野に特化した問題集。
21. お話作り	いくつかの絵を元にしてお話を作る練習をして、想像力を養うことができるように構成。
22. 想像画	描かれてある形や景色に好きな絵を描くことにより、想像力を養うことができるように構成。
23. 切る・貼る・塗る	小学校入試で出題頻度の高い、はさみやのりなどを用いた巧緻性の問題を繰り返し練習できるように構成。
24・絵画	小学校入試で出題頻度の高い、お絵かきやぬり絵などクレヨンやクーピーペンを用いた巧緻性の問題を繰り返し練習できるように構成。
25. 生活巧緻性	小学校入試で出題頻度の高い日常生活の様々な場面における巧緻性の問題集。
26. 文字・数字	ひらがなの清音、濁音、拗音、拗長音、促音と１～20までの数字に焦点を絞り、練習できるように構成。
27. 理科	小学校入試で出題頻度が高くなりつつある理科の問題を集めた問題集。
28. 運動	出題頻度の高い運動問題を種目別に分けて構成。
29. 行動観察	項目ごとに問題提起をし、「このような時はどうか、あるいはどう対処するのか」の観点から問いかける形式の問題集。
30. 生活習慣	学校から家庭に提起された問題と思って、一問一問絵を見ながら話し合い、考える形式の問題集。

31. 推理思考	数、量、言語、常識（含理科、一般）など、諸々のジャンルから問題を構成し、近年の小学校入試問題傾向に沿って構成。
32. ブラックボックス	箱や筒の中を通ると、どのようなお約束でどのように変化するかを推理・思考する問題集。
33. シーソー	重さの違うものをシーソーに乗せた時どちらに傾くのか、またどうすればシーソーは釣り合うのかを思考する基礎的な問題集。
34. 季節	様々な行事や植物などを季節別に分類できるように知識をつける問題集。
35. 重ね図形	小学校入試で頻繁に出題されている「図形を重ね合わせてできる形」についての問題を集めました。
36. 同数発見	様々な物を数え「同じ数」を発見し、数の多少の判断や数の認識の基礎を学べるように構成した問題集。
37. 選んで数える	数の学習の基本となる、いろいろなものの数を正しく数える学習を行う問題集。
38. たし算・ひき算１	数字を使わず、たし算とひき算の基礎を身につけるための問題集。
39. たし算・ひき算２	数字を使わず、たし算とひき算の基礎を身につけるための問題集。
40. 数を分ける	数を等しく分ける問題です。等しく分けたときに余りが出るものもあります。
41. 数の構成	ある数がどのような数で構成されているか学んでいきます。
42. 一対多の対応	一対一の対応から、一対多の対応まで、かけ算の考え方の基礎学習を行います。
43. 数のやりとり	あげたり、もらったり、数の変化をしっかりと学びます。
44. 見えない数	指定された条件から数を導き出します。
45. 図形分割	図形の分割に関する問題集。パズルや合成の分野にも通じる様々な問題を集めました。
46. 回転図形	「回転図形」に関する問題集。やさしい問題から始め、いくつかの代表的なパターンから、段階を踏んで学習できるよう編集されています。
47. 座標の移動	「マス目の指示通りに移動する問題」と「指示された数だけ移動する問題」を収録。
48. 鏡図形	鏡で左右反転させた時の見え方を考えます。平面図形から立体図形、文字、絵まで。
49. しりとり	すべての学習の基礎となる「言葉」を学ぶこと、特に「語彙」を増やすことに重点をおき、さまざまなタイプの「しりとり」問題を集めました。
50. 観覧車	観覧車やメリーゴーラウンドなどを舞台にした「回転系列」の問題集。「推理思考」分野の問題ですが、要素として「図形」や「数量」も含みます。
51. 運筆①	鉛筆の持ち方を学び、点線なぞり、お手本を見ながらの模写で、線を引く練習をします。
52. 運筆②	運筆①からさらに発展し、「欠所補完」や「迷路」などを楽しみながら、より複雑な鉛筆運びを習得することを目指します。
53. 四方からの観察 積み木編	積み木を使用した「四方からの観察」に関する問題を練習できるように構成。
54. 図形の構成	見本の図形がどのような部分によって形づくられているかを考えます。
55. 理科②	理科的知識に関する問題を集中して練習する「常識」分野の問題集。
56. マナーとルール	道路や駅、公共の場でのマナー、安全や衛生に関する常識を学べるように構成。
57. 置き換え	さまざまな具体的・抽象的事象を記号で表す「置き換え」の問題を扱います。
58. 比較②	長さ・高さ・体積・数などを数学的な知識を使わず、論理的に推測する「比較」の問題を練習できるように構成。
59. 欠所補完	線と線のつながり、欠けた絵に当てはまるものなどを求める「欠所補完」に取り組める問題集です。
60. 言葉の音（おん）	しりとり、決まった順番の音をつなげるなど、「言葉の音」に関する問題に取り組める練習問題集です。

◆◆ニチガクのおすすめ問題集◆◆

より充実した家庭学習を目指し、ニチガクではさまざまな問題集をとりそろえております!!

サクセスウォッチャーズ（全18巻）

①～⑱
本体各￥2,200＋税

全９分野を「基礎必修編」「実力アップ編」の２巻でカバーした、合計18冊。
各巻80問と豊富な問題数に加え、他の問題集では掲載していない詳しいアドバイスが、お子さまを指導する際に役立ちます。
各ページが、すぐに使えるミシン目付き。本番を意識したドリルワークが可能です。

ジュニアウォッチャー（既刊60巻）

①～⑩　（以下続刊）
本体各￥1,500＋税

入試出題頻度の高い９分野を、さらに60の項目にまで細分化。基礎学習に最適のシリーズ。
苦手分野におけるつまずきを、効率よく克服するための60冊です。
ポイントが絞られているため、無駄なく高い効果を得られます。

国立・私立NEWウォッチャーズ

言語／理科／図形／記憶
常識／数量／推理
本体各￥2,000＋税

シリーズ累計発行部数40万部以上を誇る大ベストセラー「ウォッチャーズシリーズ」の趣旨を引き継ぐ新シリーズ!!
実際に出題された過去問の「類題」を32問掲載。全問に「解答のポイント」付きだから家庭学習に最適です。「ミシン目」付き切り離し可能なプリント学習タイプ！

実践 ゆびさきトレーニング①・②・③

本体各￥2,500＋税

制作問題に特化した一冊。有名校が実際に出題した類似問題を35問掲載。
様々な道具の扱い（はさみ・のり・セロハンテープの使い方）から、手先・指先の訓練（ちぎる・貼る・塗る・切る・結ぶ）、また、表現することの楽しさも経験できる問題集です。

お話の記憶・読み聞かせ

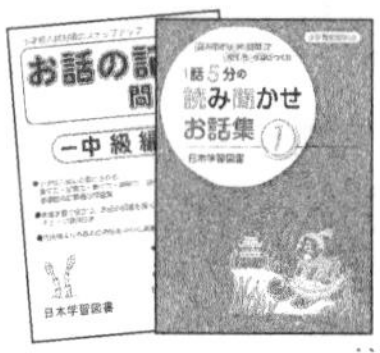

［お話の記憶問題集］
中級／上級編
本体各￥2,000＋税

初級／過去類似編／ベスト30
本体各￥2,600＋税

1話5分の読み聞かせお話集①・②、入試実践編①
本体各￥1,800＋税

あらゆる学習に不可欠な、語彙力・集中力・記憶力・理解力・想像力を養うと言われているのが「お話の記憶」分野の問題。問題集は全問アドバイス付き。

分野別 苦手克服シリーズ（全６巻）

図形／数量／言語／
常識／記憶／推理
本体各￥2,000＋税

数量・図形・言語・常識・記憶の６分野。アンケートに基づいて、多くのお子さまがつまづきやすい苦手問題を、それぞれ40問掲載しました。
全問アドバイス付きですので、ご家庭において、そのつまづきを解消するためのプロセスも理解できます。

運動テスト・ノンペーパーテスト問題集

新 運動テスト問題集
本体￥2,200＋税

新 ノンペーパーテスト問題集
本体￥2,600＋税

ノンペーパーテストは国立・私立小学校で幅広く出題される、筆記用具を使用しない分野の問題を全40問掲載。
運動テスト問題集は運動分野に特化した問題集です。指示の理解や、ルールを守る訓練など、ポイントを押さえた学習に最適。全35問掲載。

口頭試問・面接テスト問題集

新 口頭試問・個別テスト問題集
本体￥2,500＋税

面接テスト問題集
本体￥2,000＋税

口頭試問は、主に個別テストとして口頭で出題解答を行うテスト形式。面接は、主に「考え」やふだんの「あり方」をたずねられるものです。
口頭で答える点は同じですが、内容は大きく異なります。想定する質問内容や答え方の幅を広げるために、どちらも手にとっていただきたい問題集です。

小学校受験 厳選難問集　①・②

本体各￥2,600＋税

実際に出題された入試問題の中から、難易度の高い問題をピックアップし、アレンジした問題集。応用問題への挑戦は、基礎の理解度を測るだけでなく、お子さまの達成感・知的好奇心を触発します。
①は数量・図形・推理・言語、②は位置・常識・比較・記憶分野の難問を掲載。それぞれ40問。

国立小学校　対策問題集

国立小学校入試問題Ａ・Ｂ・Ｃ（全３巻）本体￥3,282＋税

新 国立小学校直前集中講座
本体￥3,000＋税

国立小学校頻出の問題を厳選。細かな指導方法やアドバイスが掲載してあり、効率的な学習が進められます。「総集編」は難易度別にＡ～Ｃの３冊。付録のレーダーチャートにより得意・不得意を認識でき、国立小学校受験対策に最適です。入試直前の対策には「新 直前集中講座」！

おうちでチャレンジ　①・②

本体各￥1,800＋税

関西最大級の模擬試験である小学校受験標準テストのペーパー問題を編集した実力養成に最適な問題集。延べ受験者数10,000人以上のデータを分析しお子さまの習熟度・到達度を一目で判別。
保護者必読の特別アドバイス収録！

Q&Aシリーズ

『小学校受験で知っておくべき125のこと』
『小学校受験に関する保護者の悩みQ＆A』
『新 小学校受験の入試面接Q＆A』
『新 小学校受験 願書・アンケート文例集500』
本体各￥2,600＋税
『小学校受験のための
願書の書き方から面接まで』
本体￥2,500＋税

「知りたい！」「聞きたい！」「こんな時どうすれば…？」そんな疑問や悩みにお答えする、オススメの人気シリーズです。

書籍についてのご注文・お問い合わせ
☎ 03-5261-8951
http://www.nichigaku.jp
※ご注文方法、書籍についての詳細は、Webサイトをご覧ください。
日本学習図書　検索

『読み聞かせ』×『質問』＝『聞く力』

お話の記憶の練習に最適

1話5分の 読み聞かせお話集①②

「アラビアン・ナイト」「アンデルセン童話」「イソップ寓話」「グリム童話」、日本や各国の民話、昔話、偉人伝の中から、教育的な物語や、過去に小学校入試でも出題された有名なお話を中心に掲載。お話ごとに、内容に関連したお子さまへの質問も掲載しています。「読み聞かせ」を通して、お子さまの『聞く力』を伸ばすことを目指します。

①巻・②巻　各48話

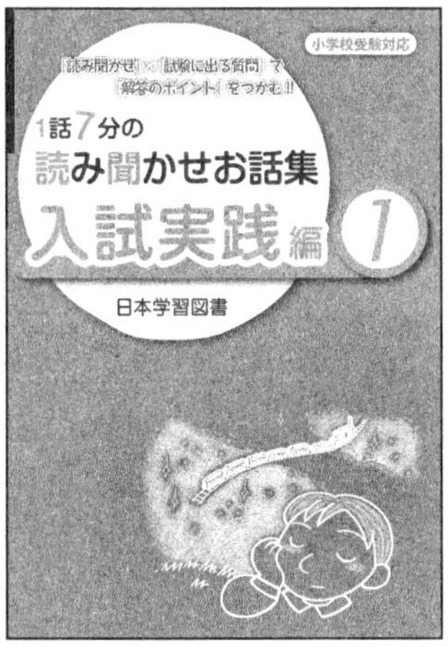

1話7分の読み聞かせお話集 入試実践編①

国立・私立小学校受験対応

最長1,700文字の長文のお話を掲載。有名でない＝「聞いたことのない」お話を聞くことで、『集中力』のアップを目指します。設問も、実際の試験を意識した設問としています。ペーパーテスト実施校の多くが「お話の記憶」の問題を出題します。毎日の「読み聞かせ」と「試験に出る質問」で、「解答のポイント」をつかんで臨みましょう！

50話収録

ニチガクの　この5冊で受験準備も万全！

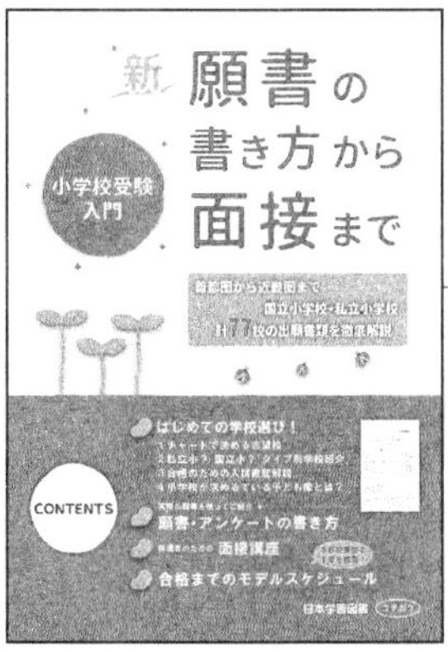

小学校受験入門 願書の書き方から面接まで　リニューアル版

主要私立・国立小学校の願書・面接内容を中心に、学校選びや入試の分野傾向、服装コーディネート、持ち物リストなども網羅し、受験準備全体をサポートします。

小学校受験で 知っておくべき 125のこと

小学校受験の基本から怪しい「ウワサ」まで、保護者の方々からの125の質問にていねいに解答。目からウロコのお受験本。

新　小学校受験の 入試面接Q＆A　リニューアル版

過去十数年に遡り、面接での質問内容を網羅。小学校別、父親・母親・志願者別、さらに学校のこと・志望動機・お子さまについてなど分野ごとに模範解答例やアドバイスを掲載。

新　願書・アンケート 文例集500　リニューアル版

有名私立小、難関国立小の願書やアンケートに記入するための適切な文例を、質問の項目別に収録。合格を掴むためのヒントが満載！願書を書く前に、ぜひ一度お読みください。

小学校受験に関する 保護者の悩みQ＆A

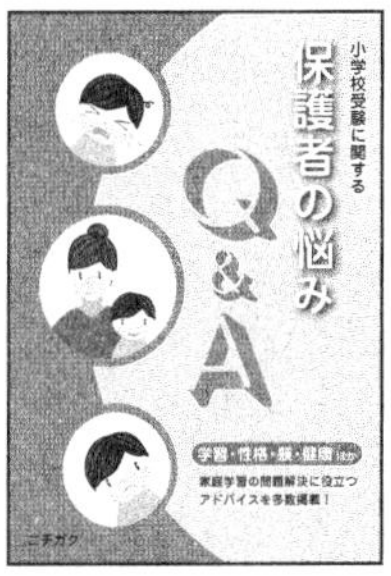

保護者の方約1,000人に、学習・生活・躾に関する悩みや問題を取材。その中から厳選した200例以上の悩みに、「ふだんの生活」と「入試直前」のアドバイス2本立てで悩みを解決。

日本学習図書株式会社

日本女子大学附属豊明小学校　専用注文書

年　　月　　日

合格のための問題集ベスト・セレクション

＊入試頻出分野ベスト３

1st 数量
集中力　観察力　正確さ

2nd 巧緻性
集中力　聞く力

3rd 図形
観察力　聞く力　思考力

数量分野では、数える回数が多く、徐々に難しくなる問題に短時間で答えるため、正確さを重視した反復練習が大事です。巧緻性では、色の濃淡の塗り分けなど、課題に合わせた対策練習が必要です。

分野	書　名	価格(税込)	注文	分野	書　名	価格(税込)	注文
図形	Ｊｒ・ウォッチャー２「座標」	1,650円	冊	数量	Ｊｒ・ウォッチャー37「選んで数える」	1,650円	冊
図形	Ｊｒ・ウォッチャー５「回転・展開」	1,650円	冊	数量	Ｊｒ・ウォッチャー38「たし算・ひき算１」	1,650円	冊
数量	Ｊｒ・ウォッチャー14「数える」	1,650円	冊	数量	Ｊｒ・ウォッチャー39「たし算・ひき算２」	1,650円	冊
記憶	Ｊｒ・ウォッチャー19「お話の記憶」	1,650円	冊	図形	Ｊｒ・ウォッチャー46「回転図形」	1,650円	冊
記憶	Ｊｒ・ウォッチャー20「見る記憶・聴く記憶」	1,650円	冊	巧緻性	Ｊｒ・ウォッチャー51「運筆①」	1,650円	冊
記憶	Ｊｒ・ウォッチャー22「想像画」	1,650円	冊	巧緻性	Ｊｒ・ウォッチャー52「運筆②」	1,650円	冊
巧緻性	Ｊｒ・ウォッチャー23「切る・貼る・塗る」	1,650円	冊	知識	Ｊｒ・ウォッチャー55「理科②」	1,650円	冊
巧緻性	Ｊｒ・ウォッチャー24「絵画」	1,650円	冊	常識	Ｊｒ・ウォッチャー56「マナーとルール」	1,650円	冊
知識	Ｊｒ・ウォッチャー27「理科」	1,650円	冊		１話５分の読み聞かせお話集①②	1,980円	各　冊
観察	Ｊｒ・ウォッチャー29「行動観察」	1,650円	冊		家庭で行う 面接テスト問題集	2,200円	冊
観察	Ｊｒ・ウォッチャー30「生活習慣」	1,650円	冊		保護者のための 面接最強マニュアル	2,200円	冊
知識	Ｊｒ・ウォッチャー34「季節」	1,650円	冊		新小学校受験の入試面接Ｑ＆Ａ	2,860円	冊
数量	Ｊｒ・ウォッチャー36「同数発見」	1,650円	冊		実践 ゆびさきトレーニング①②③	2,750円	各　冊

合計	冊	円

（フリガナ） 氏　名	電　話 ＦＡＸ E-mail
住 所　〒　　　　－	以前にご注文されたことはございますか。 有　・　無

★お近くの書店、または記載の電話・FAX・ホームページにてご注文をお受けしております。
電話：03-5261-8951　FAX：03-5261-8953　代金は書籍合計金額＋送料がかかります。
※なお、落丁・乱丁以外の理由による商品の返品・交換には応じかねます。
★ご記入頂いた個人に関する情報は、当社にて厳重に管理致します。なお、ご購入の商品発送の他に、当社発行の書籍案内、書籍に関する調査に使用させて頂く場合がございますので、予めご了承ください。

日本学習図書株式会社
http://www.nichigaku.jp